L⁴¹ b
5438.

Camille DAUX

LA DICTATURE DE ROBESPIERRE

ET

LES MYSTIQUES RÉVOLUTIONNAIRES

(Extrait de la Science Catholique, 1901)

SUEUR-CHARRUEY
IMPRIMEUR-LIBRAIRE-ÉDITEUR
ARRAS   PARIS
10, rue des Balances   rue de Vaugirard, 41

Camille DAUX

LA
DICTATURE DE ROBESPIERRE
ET
LES MYSTIQUES RÉVOLUTIONNAIRES

(Extrait de la SCIENCE CATHOLIQUE, *1901).*

SUEUR-CHARRUEY

IMPRIMEUR-LIBRAIRE-ÉDITEUR

ARRAS | PARIS
10, Rue des Balances | Rue de Vaugirard, 41

LA DICTATURE DE ROBESPIERRE

ET

LES MYSTIQUES RÉVOLUTIONNAIRES

Celui qui, à un intervalle de cinq ans, s'entendit acclamer *ami du peuple* et traiter de *tyran*, qui fut proclamé *sauveur de la patrie*... l'*Incorruptible* et appelé *nouveau Cromwel*... l'*Infâme*, cet homme a été bien des fois étudié sous ces différents aspects. Et, il faut le reconnaître, à quelque parti qu'ils appartiennent, à quelque sentiment qu'ils obéissent, les divers historiens et biographes — sauf de rares exceptions — ont généralement été vrais et se sont trouvés à peu près d'accord pour stigmatiser comme il convient « cette incarnation de la Révolution et de la Terreur, ce monstre d'audace, l'épouvantement de la postérité, ce cuistre creux et gonflé, suprême avorton et fruit sec, trissotin sentimental, fou, barbare, boucher et bourreau. » Ainsi le qualifient Edgard Quinet, Michelet et autres de cette école, grands admirateurs et approbateurs de la Révolution ; ainsi le qualifie H. Taine, chez lequel les consciencieuses études n'ont pas cependant éteint les sympathies pour les principes de 89 (1).

(1) Edgard Quinet, *La Révolution*, t. II, p. 94 et passim ; 6ᵉ édition in-18. Paris, librairie internationale, 1869. — Hippolyte Taine, *Les origines de la France contemporaine. La Révolution*, t. III, pp. 190, 191, 193, 208, 210.
Ce serait une étude vraiment instructive de rapprocher les qualificatifs et épithètes donnés à Robespierre par les admirateurs de la Révolution, tels que Quinet, Louis Blanc, Michelet, Henri Martin, etc. Mettre d'accord ces historiens est chose difficile. Celui qui jette la note la plus discordante dans les jugements portés sur le féroce jacobin est L. Blanc. Aussi apologiste que M. Hamel dans son panégyrique en trois volumes (*Hist. de Robespierre*), cet historien malmène ses devanciers et contemporains qui pensent autrement

En vérité pourrait-on juger autrement Robespierre, sans falsifier l'histoire, sans mettre une caricature à la place d'une physionomie qui, malgré tout, ne pouvait se dissimuler ; sans transformer un personnage dont les traits, comme les actes, étaient figés implacables dans les yeux et dans la mémoire de ses contemporains. Sans doute, sous sa petite taille et son teint livide, dans ses yeux mornes et éteints, dans ses mouvements brusques et souvent convulsifs, dans sa voix aigre et criarde, il n'était pas toujours aisé de deviner le sinistre chef terroriste ; mais les actes et les harangues disent assez la haine, l'envie et l'ambition qui le dominaient. Clubiste, chef de faction, tribun, chef de gouvernement, égorgeur, dans « ces cinq prodigieuses années qui, disait-il, valent des

que lui sur son « sublime révolutionnaire ». Ainsi, il dira, (*Histoire de la Révolution française*, nouvelle édition, 3 vol. in-4°, Paris, 1869) « M. Michelet, à qui ses connaissances historiques, aussi bien que son grand talent et l'élévation de son âme donnent naturellement beaucoup d'autorité sur la jeunesse, ... affirme de sa propre autorité... a le tort de s'en rapporter à des relations et des récits sans valeur... sa bonne foi s'est laissée prendre au piège... n'a pas saisi le but de ce profond penseur... nul ne l'a plus mal apprécié et présenté dans la question de la guerre contre les rois coalisés... (t. iii, p. 25 ; t. ii, p. 80, 83 et passim) ; — Thiers et Mignet, nous n'en parlons pas, leurs livres n'étant en réalité que des *tables de matières* (ii, 72.) ; je ne m'arrêterai pas au récit de Lamartine, l'*Hist. des Girondins* n'étant, sous aucun rapport, une *histoire* (iii, 25) ; M. Thiers qui, probablement sait mieux ce qui se passait dans la pensée de Robespierre que Robespierre lui-même, attribue sa retraite du Comité de salut public à la *vanité blessée*... quant à ses propres contradictions, M. Thiers ne paraît pas s'en être inquiété le moins du monde (iii, 17) ; — Sénart (*Mémoires inédits, Révélations puisées dans les cartons des Comités, etc.*) ne mérite aucune confiance, en tout ce qui est de sa part affaire d'appréciation ou assertion pure et simple ; son livre est un arsenal où les écrivains systématiques de la Révolution ont beaucoup puisé (iii, 25, 604) etc., etc... » Mais quand ces divers historiens ou annalistes ont quelque éloge à donner à Robespierre ou quelque blâme à l'adresse de ses adversaires, alors ces auteurs sont « sincères, autorisés à porter un jugement, on est heureux de rendre hommage à leur sagacité (iii, 20, 26 ; ii, 66, 71) ». Après tout cela on comprend que L. Blanc ne tarisse pas sur les qualités, les talents, la vertu de son héros. Pour lui il est « homme d'Etat, philosophe, profond penseur, tribun philosophe, l'homme qui représente le mieux la Révolution, l'homme aux convictions d'airain ; seul, dans les projets des Girondins pour la guerre à l'extérieur, il soupçonna et devina la vérité ; dans cette affaire, il était presque seul, et, eût-il été seul, c'eût été à la manière de l'aigle lorsqu'il plane au haut des airs ; il a écrit d'admirables maximes, etc... (ii, 66, 70, 71, 72, 80). En général, le système historique adopté par les ennemis de Robespierre a été celui-ci : Désespérant de pouvoir le noircir, au gré de leur animosité, en citant ses propres actes, ils se sont étudiés à le rendre responsable des actes d'autrui... (ii, 604). » Et de ce nombre sont, d'après L. Blanc, avec les auteurs que nous venons de voir appréciés par lui, une infinité d'autres qu'il serait trop long d'énumérer. Quant à l'apologie du triste Conventionnel, cet historien la résume dans ce mot qui met fin à ses récits avec la journée du 9 thermidor : « Robes-

siècles », il ne put échapper au sévère mais juste jugement de son époque, et tel il devait être cloué au pilori de l'histoire impartiale.

Toutefois on aurait tort de croire que Maximilien Robespierre fut l'auteur de tous les crimes dont on a chargé sa mémoire, qu'il ordonna toutes les sauvages cruautés qui terrorisèrent et ensanglantèrent Paris et plusieurs départements; partisans et proconsuls outrepassaient souvent ses instructions. Il n'en est pas moins vrai que, révolutionnaire à froid, cet homme fut le créateur de ce système d'oppression et de massacre qui

pierre eût été moins attaqué, s'il eût davantage mérité de l'être ! » — Que lui manqua-t-il donc, dirons-nous, pour mériter d'être plus attaqué ? De son côté, Michelet, dans la *Préface* à l'édition de 1868 (*Hist. de la Révolution* édition imprimée pour le Centenaire de 1789), ne se fait pas faute de dauber sur L. Blanc : « Il m'attaque, dit-il, avec une passion extraordinaire (p. 17.) Je suis l'homme, après Robespierre, qui l'a certainement le plus occupé (p. 21). Il m'aurait moins pardonné toute ma politique contraire, mes attaques à son dieu, que mon regard minutieux, l'observation exacte du saint des saints, le tort d'avoir vu de si près, décrit la petite chapelle, le féminin cénacle de Marthe, Marie-Madeleine, l'habit, le port, la voix, les lunettes, les tics de ce nouveau Jésus (p. 20). Au reste, comment L. Blanc « pourrait-il écrire une *Histoire de la Révolution française*, alors que, né à Madrid, il est Corse, par sa mère, français par son père (de Rodez) et l'a composée à Londres (*sic*, p. 21 22) ! ». — Plus loin : « Louis Blanc a fait tout ce qu'il a pu pour obscurcir cette bascule dans laquelle Robespierre tua tout, modérés, enragés, etc. (p. 23, 24). » — Au sujet des documents et historiens, Michelet écrit : « J'ai jugé jour par jour le *Moniteur* que suivent trop MM. Thiers, Lamartine et L. Blanc. Ce journal est altéré, estropié, par les puissants du jour. Et l'*Hist. parlementaire* (en 40 vol.) de Buchez et Roux l'estropie encore davantage (p. 13). » Ce Buchez, dit-il ailleurs, « secondé d'un jésuite, fit sa grosse compilation, mêlant tout avec sa gaucherie naturelle (t. IV, p. 25, 26). » Puis, « l'immense plaidoyer de M. Louis Blanc était fini à peine que M. Haine fit la sienne, d'effroyable longueur aussi (ib. p. 24). » Par contre, parlant de Quinet : « Son beau livre confirme le mien, car il démontre que la Révolution fut désintéressée ; c'est son côté sublime et son signe divin (Préface p. 8). » Pour lui, Robespierre est « un tyran », et son histoire est bien plus prodigieuse que celle de Bonaparte. C'est un homme honnête et austère, mais de piètre figure, d'un talent incolore qui se trouve un matin soulevé, emporté par je ne sais quelle trombe. Rien de tel dans les *Mille et une nuits*. En un mot, il va bien plus haut que le trône. Il est assis sur l'autel. Etonnante légende. » (T. IV, p. 4, 5 et passim).

Heureusement les consciencieux et fort remarquables travaux de M. H. Taine sur *Les origines de la France contemporaine* ont remis les choses au point, et désormais on peut connaître le vrai Robespierre. Voir aussi, au point de vue du récit et des appréciations, *La Terreur* de M. Wallon et celle de Mortemer-Ternaux. Item *La Convention* par M. de Barante, et l'*Ancien régime et la Révolution* de M. de Tocqueville ; Amédée Gabourd, *Hist. de la Révolution*, etc... Dans la collection ecclésiastique on a l'abbé Barruel, *Hist. du Jacobinisme*, et celle du *Clergé français pendant la Révolution* ; Jager, *Hist. de l'Eglise de France*, et à cette même époque Rohrbacher, *Hist. universelle de l'Eglise catholique*. — Il importait, dès le début d'une Etude où nous avons à citer la plupart de ces auteurs, de donner ces explications et de faire ces réserves.

pesa si longtemps sur la France, comparée par quelques écrivains d'alors à « un véritable charnier » et à un « cloaque d'immoralité » ! En un mot, Robespierre a été et sera regardé par la postérité comme la personnification la plus complète de la grande Révolution française, dans sa période la plus terrible, la plus sanglante.

Tout cela l'histoire l'a dit. Mais il est un côté, il y a quelques points de vue sous lesquels cette figure si répugnante n'est pas assez connue, et même a été systématiquement dissimulée dans des demi teintes. Ce despote, qui commit de si horribles injustices, consomma tant de forfaits, fit couler tant de sang, affectait de parler de Dieu, de morale, de droit. S'imaginant être, ainsi que l'a dit le conventionnel Bailleux, « une créature privilégiée, un être mis au monde pour en devenir le régénérateur et l'Instituteur (1) », il entendait se dévouer à « la fondation d'une société épurée et libre ». Aussi on serait tout autant injuste envers lui qu'il l'a été lui-même envers bien d'autres, si on le confondait avec ces ambitieux sans foi, sans idéal, qui ne croient qu'à la fatalité, à ce qu'ils nomment « leur étoile ».

Robespierre était spiritualiste en théorie, déiste en paroles et en simulacres. En fait, il rêvait sa propre dictature ; et, pour y arriver il voyait nécessaire d'unir la religion à la politique, d'appuyer celle-ci sur celle-là, sauf à supprimer la religion pour faire triompher sa politique, si l'élément religieux devait fournir prétexte à des oppositions et nuire à son pouvoir suprême. A bien examiner de près, ce fut là toute la tendance de sa vie, le calcul de ses décisions et de ses indécisions, la marche plus ou moins oblique vers son objectif, l'explication de ses ordres parfois cléments, parfois barbares. Il avait beau, dans ses discours, réserver aux individus la liberté de croire ou de ne pas croire, ses actes étaient en contradiction avec ses paroles. A côté de quelques idées religieuses éclataient, par une dissonance étrange et qui était le fond de son caractère, des récriminations haineuses et implacables allant s'assouvir tantôt sur un adversaire politique, tantôt sur ses plus dévoués partisans, tantôt enfin sur ceux-là même qu'il prétendait libres dans leur conscience comme dans leur culte et leur religion.

En un mot, l'espoir de la dictature le faisait agir selon ses vues de spiritualiste déiste ; mais aussi la crainte de perdre cette autorité étouffait ses sentiments de religion naturelle et même d'humanité ! Comme ceux qui ont cru à leur étoile, (sans toutefois être fataliste), il consultait lui aussi les oracles, à l'exemple des empereurs romains, et se laissait

---

(1) Cité dans les *Mémoires* de Carnot, t, 816.

mener par une certaine crédulité, par la superstition. De là ces relations plus ou moins avouées avec certaine secte d'illuminés fanatiques ou mystiques qui, faisant l'office d'augures, pouvaient, à un moment donné, servir sa cause et la faire triompher.

Ce côté de la vie de Robespierre a été laissé dans l'ombre plus encore que son déisme et ses tendances à la dictature. Cependant ce sont là trois phases qui s'éclairent l'une l'autre. — Côtés bien extraordinaires de cette vie si atrocement singulière ; aspects fort bizarres de cette physionomie scélérate ! Si extraordinaires cette implication dans l'illuminisme, ces rapports intéressés avec des visionnaires; si étrange cette passion de la dictature basée sur le spiritualisme et l'affectation d'un déisme qui pour détrôner le catholicisme en devient une grossière singerie... ; si inexplicable tout cela, que la plupart des biographes le traitent de légendaire, de ridicule, d'absurde même ; et ceux qui en ont plus ou moins soulevé le voile, se gardent de donner toute la clarté et préfèrent laisser le tout dans une sorte de pénombre.

Cependant, étudiés dans les discours, dans les projets et la conduite de Robespierre, comme aussi à l'aide des écrits et documents contemporains, trop peu connus, — parce que peut-être on avait intérêt à les tenir cachés, — les faits auxquels nous faisons allusion sont bien propres à éclairer les tendances politiques et religieuses de l'hypocrite, ambitieux et féroce jacobin. — Robespierre déiste, s'appuyant sur la religion, voire sur la superstition, pour faire triompher sa politique et décrocher la Dictature, c'est le point de vue sous lequel nous voulons l'envisager. Ce sera faire mieux connaître un côté fort caractéristique de cet « obtus et charlatan, dont l'attitude et les phrases font encore des dupes », de ce représentant de la Révolution, « au masque spécieux, à la face hideuse, chez lequel on voit partout la férocité percer à travers la philanthropie et, du cuistre, sortir le bourreau » (1). Aussi bien, de cette étude se dégagera l'action des mystiques sur cette période de réformes violentes, entreprises par celui qui sombra avec eux dans la fameuse journée du 9 thermidor.

I

Le mot de *Dictature* accolé au nom de Robespierre ne convient pas aux partisans des opinions de Louis Blanc sur le « sublime révolutionnaire ». Indigné que, de sa croyance à l'immortalité de l'âme et de sa présidence

---

(1) Taine, *La Révolution*, t. III, p. 190, 220.

à la fête de l'Être suprême, on conclut à en faire « un prêtre, et qui pis est, un mystagogue, » cet historien panégyriste ajoute :

« On comprend ce qu'une semblable accusation renfermait de venimeux, chez un peuple que Voltaire avait marqué à l'empreinte de son merveilleux génie ; d'autant qu'on prenait soin de prononcer en même temps ce mot meurtrier : *Dictature*. Mais un prêtre-dictateur, c'est pire qu'un roi, c'est un pape. Et voilà par quelle série de déductions astucieuses on arrivait à opposer à la Révolution son plus dévoué défenseur, un homme dont tout le mysticisme consistait, comme celui de Jean-Jacques, son maître..., à croire en Dieu et à le dire (1). »

De cette protestation aussi grotesque que déclamatoire, nous ne voulons retenir, pour le moment, qu'un mot ; le reste sera jugé à son heure, dans la seconde partie de cette étude. *Dictature* était donc un « mot meurtrier » à l'adresse de Robespierre ; et de fait, il le fut..., mais non sans raison. C'est ce mot, dit Edgard Quinet, qui suscita les haines, aiguisa les poignards et culbuta impitoyablement le tyran à la guillotine... (2) — Mais sans anticiper, établissons auparavant la question comme elle doit l'être, ou plutôt laissons la exposer par un biographe peu suspect d'hostilité envers ce chef de la Révolution.

« On a posé la question, assez vaine, de savoir si Robespierre, visait à la dictature. Ce qu'il y a de certain c'est que son parti l'y poussait fatalement, et qu'après tant d'épurations elle devenait son asile, sa nécessité. Il n'y eut, au reste, aucun projet à cet égard, du moins on n'a rien connu que quelques mots de Saint-Just, dont l'authenticité même n'est pas parfaitement établie. »

Ainsi s'exprime Larousse dans son *Grand Dictionnaire du XIXe siècle*(3), ou pour mieux dire, Michelet auquel ce compilateur emprunte ce passage presque mot à mot. Au milieu de réticences, de demi négations et de demi affirmations, on voit que le fait embarrasse ces auteurs, alors qu'il est évident pour ceux qui n'ont pas de parti pris. Que la question soit « assez vaine », vu le résultat manqué, c'est possible ; mais historiquement parlant elle n'est pas sans intérêt. Aussi a-t-elle été « posée cent fois » ; ce qui prouve déjà qu'elle paraissait avoir quelque importance. Pas d'historien, en effet, qui n'y ait touché dans un sens ou dans un autre,

---

(1) L. Blanc, *Histoire de la Révolution*, t. III, 18.
(2) C'est la thèse longuement développée par cet historien et surtout dans le long chapitre qu'il a intitulé la *Dictature*, t. II.
(3) En faisant cet emprunt et tous autres dans la suite de ce travail, nous ne prétendons ni patronner cet ouvrage, ni lui reconnaître une valeur qu'il est loin d'avoir. Les citations puisées à cette source sont généralement le résumé et l'écho des auteurs les plus en vue par leurs idées philosophiques et religieuses généralement fort contestables et même condamnables ; à ce point de vue ces citations seront donc une force fournie par les adversaires mêmes quand il n'y aura pas à les réfuter.

Ainsi, après L. Blanc, dont on vient de lire la protestation indignée et saugrenue, voilà, par exemple, Edgard Quinet consacrant tout son dix-huitième Livre à *la Dictature*. Là, moins que tendre pour l'ancien régime, cet historien trouve que la Révolution menée par Robespierre ne fut pas assez caractérisée et efficace, parce qu'elle s'incarnait trop dans *une personnalité*, et ressemblait trop à *la monarchie* « dont elle faisait revivre les traditions despotiques »(1). De son côté, l'adversaire de L. Blanc, l'inspirateur de la question posée par Larousse, écrit :

« Robespierre voulait-il la dictature ? Voulait-il à une influence si grande, à cette autorité morale joindre le pouvoir et le titre ? Je ne le crois nullement. Le titre eût affaibli l'autorité morale, la papauté, qu'il sentait valoir mieux. Il eut le cœur moins roi que prêtre. Etre roi ? Il eût descendu (2) ! »

Voilà sûrement la parodie de la fameuse charge de L. Blanc, à laquelle nous renvoyons encore le lecteur ; ou plutôt c'est le thème développé et exploité par cet historien souvent peu d'accord avec Michelet : de part et d'autre, voilà, mis en opposition, le pape et le roi, le prêtre et le dictateur, celui-ci diminuant celui-là, celui-là détruisant celui-ci. — Et cependant mille fois, à travers ses cinq gros volumes, la plume de Michelet laisse tomber le mot « meurtrier » de *dictature*, dont il démontre la réalité, et qu'il décoche comme une flèche dans les flancs du despote. A satiété il parle de ce *pontife*, de son *sacerdoce*, de son *tempérament-prêtre* ; mais il nous dit aussi: « Robespierre fut *un gouvernement* (3) » ; et prolixement il raconte « sa royauté, toute puissante aux Jacobins, pesante sur la Convention, écrasante au Comité de salut public...., (4). Ailleurs, ce même auteur nous dit : « Il y avait la dictature des comités ; mais la dictature d'un individu commença à la mort de Danton, ce fut la mort de la République et la contre-révolution qui continua après Thermidor (5). » Pourquoi du reste fit-il disparaître ce rival ? « Deux reines abeilles, disaient les Robespiéristes, c'est trop pour la ruche de la République ; la dictature veut l'unité. » (6) Aussi lorsque Billaud proposa la mort de Danton : « Robespierre mordit à la chose par son génie de tyran » (7). Et ce fut

(1) *La Révolution*, t. II, p. 159.
(2) Michelet, *Hist. de la Révolution*, édition imprimée pour le Centenaire de 1789, 5 vol. gd-in-8) t. IV, *Le tyran*, p. 8. — Dans Taine la même appréciation : « Il veut être plutôt le pape que le dictateur de la Révolution. » *La Révolution*, t. III, p. 211. Mais aussi justement l'on peut dire, et ce sera la déduction de cette étude, que Robespierre voulait l'un et l'autre et qu'il fusionna au moins durant un temps, ces deux pouvoirs.
(3) Id. *ibid.*, t. V, p. 281.
(4) Id. *ibid.*, p. 147.
(5) Id. *ibid.*, p. 283.
(6) Id. *ibid.*, p. 238.
(7) Id. *ibid.*, p. 234.

plus qu'une dictature, car « la monarchie commence à la mort de Danton ; c'est alors qu'il prend le grand pouvoir central. Il avait sa police (Hermann), la police du comité (Héron). Il avait la justice (Dumas), le grand tribunal révolutionnaire, qui jugeait même pour les départements. Il avait la commune (Payan), les 48 comités des sections. Par la commune, il avait dans la main l'armée de Paris (Henriot). Et tout cela sans titre, sans écritures, ni signatures. Au comité du salut public, il ne paraissait pas, faisait signer ses actes par ses collègues, ne signait point pour eux »(1). Bref, analysant cette période de la Terreur et les actes du chef, les ayant ruminés pendant les longues années qui séparèrent les diverses éditions de son œuvre, Michelet écrit en tête du chapitre qu'il a intitulé *Le Tyran* : « Je juge aujourd'hui et je vois. Et voici mon verdict : Sous sa forme si trouble, ce temps fut une *dictature*.... (2) ». Citer davantage des témoignages, serait nous écarter de la thèse préliminaire et anticiper sur la démonstration que nous aurons à faire dans le développement de ce sujet.

Ici, il s'agit de l'importance de la question que, plusieurs avec Larousse et cette école d'admirateurs, disent être « *assez vaine* ». Elle est pourtant si capitale que pas un biographe n'a eu garde de la négliger, à quelque point de vue qu'il se place, quelque solution qu'il veuille y donner ; et de cette solution sortira un Robespierre vrai ou faux. Elle a telle importance cette question, que tout en émettant le doute ou même la négation au sujet des prétentions de Robespierre à la dictature, les auteurs que nous venons d'entendre croient que ce pouvoir unipersonnel « s'imposait fatalement », était « une nécessité » pour le factieux à la tête d'un parti nombreux et puissant. Il ne pouvait dominer la situation et les diverses factions qui s'entredéchiraient et menaçaient la République, qu'en prenant le pouvoir suprême. Aussi ses partisans l'y poussaient-ils « fatalement », aidés en cela par les appréciations que chacun portait sur les compétiteurs les plus en vue après le 10 août. Ainsi on ne voulait pas de Danton à cause de ses emportements et des brusques écarts de sa volonté. « On ne savait ce qu'il y avait au fond de cet homme mené par ses vices, de ce grand seigneur de la sans-culotterie, comme l'appelait Garat, pour qui la Révolution était un moyen plus qu'un but. Impossible de songer à Marat, discrédité par ses violences de bête fauve, plus propre à donner le signal de l'égorgement qu'à diriger l'administration d'un grand peuple. » Dans Robespierre, au contraire « la secte voyait un Ins-

---

(1) Michelet, *Préface* de l'édition, 1868.
(2) Id. Tom. IV, *La Terreur*, p. 3.

trument servile et convaincu de jacobinisme. On était rassuré par sa médiocrité parée d'un vernis de puritanisme, le distinguant au milieu de la foule des déprédateurs ; on ne soupçonnait rien de sa féroce jalousie, de son égoïsme monstrueux (1). » Par la force des choses le pouvoir devait donc passer en ses mains ; c'était fatal. Et pour cet ambitieux à froid, il faut bien reconnaître avec l'encyclopédiste déjà cité, que « la dictature devenait son seul asile, sa nécessité ».

Comment donc l'intéressé n'y aurait-il pas songé, alors que tout l'y appelait, qu'on y pensait pour lui, qu'on le disait dans son entourage et qu'on agissait dans ce sens ? N'avait-il pas « la manie d'épuration qui le poussait à saisir une espèce de dictature ?... (2) » De « projets à cet égard (3) » notoirement publics, il n'en parut point, c'est vrai. Il n'est pas moins vrai aussi que bien des paroles, des actes de Robespierre et de ses séides, révèlent cette intention, ces préoccupations. Ainsi dans son *Rapport* du 9 nivôse, an II, Pourvoyeur signale que « dans quelques groupes particuliers et sociétés on répandait le bruit que l'on *vouloient* nommer Robespierre pour dictateur (4). » D'autre part le *Moniteur* relate ces paroles de Prieur de la Côte-d'Or, à la séance du 2 germinal, an III : « La première querelle qui eut lieu au Comité fut entre Saint-Just et Carnot ; celui-ci dit à l'autre qu'il voyait bien que lui et Robespierre visaient la *dictature*. » Et neuf jours après, le 11 germinal, Carnot insistait en ces termes : « Je m'étais mis en possession d'appeler Robespierre *tyran* toutes les fois que je lui parlais ; je tenais la même conduite avec Couthon et Saint-Just (5). » C'était là le triumvirat suspecté, et pour cause, de vouloir se saisir du pouvoir. « Robespierre en *trois* personnes c'était le gouvernement, » dit Michelet, qui qualifie de « *trinité dictatoriale*, » Robespierre, Couthon et Saint-Just. « Et tout, poursuit-il, travaillait à favoriser cette dictature des trois (6). »

A la suite de la fête de l'Être suprême, où plus que jamais (nous le verrons à son heure), Robespierre avait trôné en pontife et en monarque,

---

(1) Anatole de Gallier, dans la remarquable Etude sur *Robespierre, ses principes, son système politique* ; cf. *Revue des questions historiques*, juillet 1896, page 168.
(2) Michelet, *Hist. de la Révolution*, t. v, p. 283.
(3) Qu'on veuille bien remarquer que nous prenons et poursuivons la thèse ci-dessus énoncée, d'après les termes mêmes de celui auquel nous l'avons empruntée.
(4) Archives nationales, F7 31116⁷ : *Recueil des archives de police* (fin de l'année 93 et commencement de 94).
(5) Cf. *Moniteur*, xxiv, pp. 55, 570.
(6) Michelet, *la Révolution*, t. v, pp. 148, 150.

Billaud lui reprocha en pleine Assemblée d'avoir préparé seul avec Couthon la fameuse loi du 22 prairial « pour guillotiner la Convention nationale ». Ce reproche est accepté comme « moins improbable » par L. Blanc lui-même, lequel repousse comme fausses quantité d'accusations portées contre le « vrai républicain, qui ne convoita jamais la dictature ». Et à ce sujet ce même historien nous décrit cette scène dans laquelle « la fureur s'emparant de Robespierre (1), ses cris devinrent si forts qu'on les entendait de la terrasse des Tuileries et qu'il fallut fermer les fenêtres... Au comble de l'exaspération, l'œil fixé sur Billaud, il ajoute : « Je te connais maintenant. — Et moi aussi, répond ce dernier, je te connais comme un contre-révolutionnaire. » Robespierre, était si profondément ému, qu'il ne put retenir ses larmes ; et, ajoute son apologiste « voilà à quoi se réduisait cette prétendue dictature (2) ».

Quand on ne veut voir dans cet ambitieux qu'un républicain désintéressé, faisant passer la République avant tout, on prend cette exaspération et ces larmes pour la rage « d'un incompris », alors que son éloignement du Comité de salut public nous dira tout à l'heure qu'il cédait à d'autres préoccupations, à d'autres raisons. Les témoins de cette scène qui, tournant au comique (3), devait malheureusement activer la tragédie de la guillotine (car la loi de Prairial mettait à sa discrétion toutes les vies), les témoins de cette scène de larmes la qualifièrent justement « d'hypocrisie ». Robespierre jouait de temps à autre ce rôle de pleureur ; et même Prieur nous apprend qu'en floréal, à la suite d'une autre scène très longue et très violente, « Robespierre épuisé se trouva mal (4). » Il se borna aux larmes, dans la séance où forcé de reculer, « s'abaissant jusqu'à mentir », simulant de n'avoir pas été compris, il ne médita que plus

---

(1) Qui sait si cet état ne tenait pas à la folie dont le bruit courut un moment en 1791, ainsi que le relate la *Correspondance diplomatique du baron de Staël*, p. 218.

(2) L. Blanc, *Hist. de la Révolution*, t. II, p. 752.

(3) Plusieurs fois ce qualificatif vient sous la plume de Michelet lui-même. Ainsi, dans un aperçu général, il écrit : « Le sujet le plus tragique que l'histoire nous offre, c'est certainement Robespierre. Mais c'est aussi le plus comique. » Tom. IV, *La Terreur*, p. 28. Et il ajoute qu'il n'est pas étonnant que Fabre d'Églantine « ait mis en *comédies* ce Tartufe politique ». Ailleurs, le qualifiant de « thaumaturge » à cause de sa puissance incomprise qui fascinait jusqu'à lui donner « une royauté d'opinion », ce même historien l'appelle « le personnage le plus sérieux de l'époque et le sujet *comique* entre tous ». Tom. V, p. 172-173.

(4) Cf. Buchez et Roux, *Mémoire de Billaud-Varennes, Collot d'Herbois, Vadier et Barrère*, p. 183 ; It., Carnot, *Mémoires*, II, 525.

hypocritement sa domination, en fournissant de plus grandes fournées à la guillotine (1).

Au reste, après la fête politico-religieuse, glorification du pouvoir dans les mains de celui qui en avait été le pontife, l'*alter ego* du candidat dictateur se préoccupa et agit plus que jamais en sa faveur. En l'absence de Robespierre, Saint-Just fait dans une séance du Comité un tableau désespéré de l'état de la République.

« Le mal est à son comble, dit le jeune représentant, l'anarchie nous déchire ; chaque faction, en se dévorant, dévore la patrie... Il n'est qu'un salut pour tous : c'est la concentration d'un pouvoir incohérent, dispersé, déchiré par autant de mains qu'il y a de factions ou d'ambitions parmi nous ! C'est l'unité du Gouvernement personnifié dans un homme. Mais quel sera, me direz-vous, cet homme au-dessus des faiblesses et des soupçons de l'humanité, pour que la République s'incorpore en lui ?... Il n'est aucun de vous qui n'hésite à nommer Robespierre ! Lui seul réunit, par le génie, par les circonstances et par la vertu, les conditions qui peuvent légitimer une si absolue confiance de la Convention et du peuple... Ce n'est pas moi qui ai nommé Robespierre, c'est sa vertu ! Ce n'est pas nous qui l'aurons fait dictateur, c'est la providence de la République. »

C'est en des termes presque identiques à ceux qu'il avait dictés, sans doute, à son habile avocat et patron, que Robespierre plaidera lui-même sa cause perdue alors, le 8 thermidor. « Lui, dictateur ! s'écrie-t-il. Mais il n'est qu'un député entre sept cents autres, et son autorité, s'il en a une, n'est que l'ascendant légitime de la raison et de la vertu (2). » Or, comme le disait Mirabeau : « Tout ce que cet homme a dit, il le croit ; et c'est là sa force et sa fortune. »

On peut prétendre, comme le dit Larousse, que « les propos tenus par Saint-Just au sujet de la dictature, n'ont pas une authenticité parfaitement établie » ; néanmoins, à défaut de telle preuve, il est des insinuations suffisamment convaincantes. Ainsi, alors que, tout jeune encore, cet émissaire du vrai dictateur venait d'être élu délégué par son département (Soissons) à l'Assemblée nationale, plein d'enthousiasme pour celui que le peuple acclamait déjà, Saint-Just écrivait à Robespierre : « Je ne vous connais pas, mais vous êtes un grand homme. Vous n'êtes pas seulement député d'une province, vous êtes celui de *l'humanité et de la République !* » Quelle invite plus insinuante à prendre le pouvoir en main ; quel rôle ne le voyait-il pas déjà remplir ; parlerait-on autrement d'un prétendant au trône, d'un homme qu'on juge digne et capable de l'autorité suprême ?

(1) Cf. le récit de cette séance dans Lamartine, *les Girondins*, édit. in-4° illustrée, tom. II, p. 422-423.
(2) Buchez et Roux, *Discours* du 8 thermidor ; Taine, *Révolution*, t. III, p. 214.

Ce rêve, ce désir, qui pourtant ne devait jamais se réaliser — au moins quant au titre officiel, — Saint-Just ne l'avait-il pas chanté à ces heures où préludant à la vie politique, il employait ses loisirs à écrire des poèmes ? Il est tels passages de ses poésies qui durent lui revenir à la mémoire, quand il sentit ses projets s'évanouir, et surtout lorsque, après la journée décisive du 9 thermidor, il fut lui-même arrêté et succéda sur l'échafaud au dictateur manqué (1) ! Alors, lui appliquant les vers qu'il mettait sur les lèvres d'un de ses héros, il pouvait dire :

> Je vais bâtir une belle chimère :
> Cela m'amuse et remplit mon loisir.
> Pour un moment je suis roi de la terre,
> Tremble méchant, ton bonheur va finir !
> Humbles vertus approchez de mon trône,
> Le front levé, marchez auprès de moi ;
> Pauvre orphelin, partage ma couronne ;
> Mais à ce mot mon erreur m'abandonne,
> L'orphelin pleure !... Ah ! je n) suis point roi (2).

Robespierre ne fut point proclamé dictateur ; le rêve de ses partisans qui l'y « poussaient fatalement » ne fut qu'une « belle chimère » ; la France « orpheline » continua à pleurer son vrai roi ; car les « humbles vertus » n'avaient point approché « du trône » qu'on voulait préparer au jacobin terroriste. Le 10 thermidor, la même populace qui naguère l'avait couronné de chêne et porté en triomphe en l'acclamant « défenseur de la liberté », cette même populace faisait arrêter la charrette dans laquelle on le conduisait à l'échafaud, et les femmes dansaient tout autour en répétant le cri qui avait retenti la veille à la Convention : « A bas le tyran ! »

Mort sans les honneurs de la dictature *officielle*, Robespierre en détint longtemps les pouvoirs, et maintes fois il en fit sentir toute l'autorité. Du

---

(1) Edgard Quinet démontre que si Robespierre « n'a pas fait la dictature, c'est qu'il manquait d'initiative, qu'il n'était pas assez homme d'action et beaucoup trop parleur ». Saint-Just, lui, l'aurait faite « s'il n'avait pas toujours cherché à faire de Robespierre son maître, à être son simple serviteur ». Celui-là avait l'étoffe et la taille d'un dictateur. Cf. *La Révolution*, tom. II, p. 234 et suiv.

(2) *Organt*, poème en vingt chants ; œuvre licencieuse de la jeunesse de Saint-Just, imprimée pour la première fois en 1789. En 1792, cette poésie fut remise en lumière sous ce titre : *Mes passe-temps, ou le Nouvel Organt*, par un député de la Convention nationale. A cette époque, le passage cité ci-dessus ne fut pas modifié, et volontiers on peut y voir l'allusion et le rapprochement que nous présentons, plus à titre de singularité que de preuve historique. Sur cet écrit voici le jugement porté par M. Taine (*La Révolution*, t. III, p. 245. « Poème lubrique qu'il est parvenu à rendre immonde en tâchant de le faire léger ».

reste, si tout à l'heure nous avons écrit « comment l'intéressé n'aurait-il pas songé à cette situation, alors qu'on y pensait tout autour de lui », ce n'est pas qu'il laissât agir les autres sans rien faire directement et sans se préparer les voies.

Au théâtre, par exemple, ne le vit-on pas prendre la loge royale, « dont le directeur Gaillard, se prosternant, vient lui ouvrir la porte ; et là, sous ses lunettes bleues, ses regards inquisiteurs épient avec satisfaction le malaise qui s'empare de la salle tremblante et se communique jusqu'aux acteurs. » Tandis que la crainte qu'il inspirait faisait sa force, il tremblait à son tour à la pensée que quelqu'autre pourrait le supplanter. Ainsi « le fantôme d'un dictateur militaire hantait son sommeil ». Mais quelle que fût sa confiance en soi, il sentait cruellement son incompétence. « Si je pouvais, s'écriait-il dans son désespoir, arriver à comprendre ces maudites affaires militaires ! » On lui prêta même la bizarre velléité d'avoir voulu entrer dans l'armée, après la dissolution de la Constituante, pour acquérir les notions qui lui manquaient, et dominer là, comme au club (1). Les papiers saisis chez lui et écrits de sa main, attestent cet état d'âme prouvé par des faits innombrables.

Parmi ces papiers, le rapporteur lut en pleine Convention cet extrait de phrase fort significatif : « Il faut une volonté *une* ; il faut qu'elle soit *républicaine* ou *royaliste* (2). » En un mot : *lui* ou le *roi*... Le roi, il l'avait fait monter à l'échafaud ; ce n'est donc pas cette monarchie qu'il entendait rétablir. Et, en dehors de *lui*, qui aurait-il songé à placer à la tête du pouvoir mis entre les mains d'un *seul* ? Cette intention de monarchie *quelconque* (en supposant qu'elle ne lui fût pas personnelle), le rapporteur Courtois en trouva une preuve évidente dans un autre des écrits où le despote proposait « de faire changer de local à la Convention (3) ».

Entre ce projet et certaine révélation contenue dans une lettre de l'ambassadeur d'Espagne à Venise, Clément de Campos (4), et adressée au duc d'Alcudia, ministre du roi d'Espagne à Madrid, était une concordance indéniable. « Le premier annonçait au second, d'après sa correspondance avec les agents royalistes, que le comité dirigé par eux à Bagatelle, avoit arrêté qu'on prendroit tous les moyens possibles pour que la Convention prit des vacances, pendant lesquelles le Comité de Salut public, etc...

(1) Anatole de Gallier, *op. cit.*, d'après les *Papiers inédits de Robespierre*. Paris, 1828, t. I, p. 138; Sybel, *L'Europe pendant la Révolution*, t. III, p. 16; d'Héricault, *Révolution de thermidor* (2ᵉ édit.), p. 263.
(2) Pièce n° 51, relevée dans le *Rapport* de Courtois.
(3) Extrait de la pièce écrite de la main de Robespierre et citée au n° 50 du *Rapport* susdit.
(4) Lettre du 31 juillet 1793.

resteroit à Paris pour conduire toutes sortes d'affaires (1). » Ajoutez à cela cette lettre de menaces envoyée à Robespierre, avec le timbre du Comité de Salut public, les premiers jours de juillet 1794 :

« Roberspierre (2) ! Roberspierre ! ah ! Roberspierre, je le vois, tu tends à *la dictature*, et tu veux tuer la liberté que tu as créée. Tu te crois un grand politique, tu as réussi à faire périr Danton, Lacroix, etc... et les Girondins... Tyran ! nous connoissons tes projets ; nous savons tes arrangemens... Malheureux ! tu as vendu ta patrie ; tu déclames avec tant de force contre les tyrans coalisés contre nous, et tu veux nous livrer à eux. Tu leur as vendu notre sang, notre or, nos vivres, nos provinces, pour ton ambition enragée de régner sur vingt lieues de pays. Tu leur promets de nous faire égorger les uns après les autres ; et, pour comble de rage, les uns après les autres... As-tu bien songé au crime affreux que tu as promis ?... O vous, ses malheureux collègues au Comité, tremblez de favoriser ses projets ; il est plus fin que vous. Elevé à la souveraine puissance, il vous sacrifieroit. Un tyran connoit-il des amis ? Vous lui auriez rendu de trop grands services pour qu'il ne vous hait pas. Une fois maître, il ne songeroit plus qu'à se défaire de ceux qui l'auroient aidé. Roberspierre, songe à toi ; tes projets sont éventés. Nous venons tous d'écrire, en forme de circulaire, une lettre toute semblable à celle-ci à toutes les sections de Paris (3)... »

Les intentions du tyran étaient donc percées à jour et suffisamment connues pour qu'on pût lui écrire de la sorte et en aviser les sections du Comité, afin de rendre impossible, irréalisable, sa dictature. L'un des jurés de son tribunal révolutionnaire, le prêtre apostat Vilatte, écrivait, lui aussi, dans sa curieuse défense :

« Je l'avouerai, Robespierre, dans son discours aux Jacobins sur la Divinité, sembloit de bonne foi résolu d'arrêter le torrent dévastateur (l'athéisme). L'histoire mettra en problème, s'il n'en excitoit pas sourdement l'action, à dessein d'avoir le suprême mérite, aux yeux de la nation, d'être le dieu libérateur, qui seul fermeroit l'abîme de la destruction et ramèneroit les hommes aux espérances du bonheur. O profondeur de la politique (4) ! »

---

(1) *Les martyrs de la foi pendant la Révolution française*, par M. l'abbé Aimé Guillon, t. 1, p. 259, note 2; Paris, 1821, 4 vol. in-8°.

(2) On remarquera l'orthographe de ce nom que nous maintenons telle que dans cette citation. L'aïeul et parrain du fameux jacobin, venu d'Irlande et établi notaire à Carvin, petite ville voisine d'Arras, signait *Derobspierre*. La plupart des membres de cette très nombreuse famille divisaient la particule pour faire ce *de Robespierre*, que notre tribun abandonna vers 1790, afin de se rendre plus populaire.

(3) D'après la pièce n° 58 du *Rapport Courtois*. — A propos de ce rapporteur et de tels autres comme Vadier et Vilatte, dont les témoignages viendront assez souvent dans cette étude, nous observerons que ce sont des autorités acceptées par L. Blanc, toutes les fois qu'ils sont favorables à son héros et à ses opinions ; dans le cas contraire, ils sont de nulle valeur, plus que cela, ce sont des faussaires, des calomniateurs.

(4) *Causes secrètes de la Révolution du 9 au 10 thermidor*, par Vilatte, p. 23. Paris 1796.

Cette « profondeur de la politique » signifie assez la duplicité et la question d'intérêt qui faisaient agir le despote visant la dictature, et se drapant dans une sorte de religiosité, sous un déisme quelconque. Et ici, sans entrer dans de longues démonstrations, il faut bien signaler l'état d'âme de Robespierre au point de vue religieux, comme nous venons de le voir sous le rapport politique. Ce coup d'œil est d'autant plus nécessaire, que nous avons à démontrer comment il s'appuya sur certains dehors de religion pour entretenir son crédit, se faire des partisans et marcher vers le triomphe qu'il rêvait.

On ne peut pas nier que l'hypocrite jacobin n'ait affecté la plupart du temps des sentiments de religion (à la façon des déistes, bien entendu), qu'il n'ait témoigné des égards pour les prêtres (1); ce qui ne l'empêcha pas d'en envoyer bon nombre à l'échafaud, tout comme il les dépouillait, en prenant néanmoins leur défense contre ses adversaires politiques et même après avoir fait voter l'augmentation de leurs pensions (2). Au point

(1) Ce sont ces égards (!) et ces ménagements (?) pour le clergé catholique qui indisposent Michelet, Quinet, etc... Michelet appelle Robespierre « patron du clergé » (t. v, p. 144). Il lui reproche d'avoir empêché ou du moins protesté contre la fermeture des églises ; aussi, ce qui le « perdit lui et la Révolution », ce furent ses « condescendances et faiblesses pour le catholicisme ». Que si ce clergé maudit ce tyran, « c'est son rôle et son métier (sic), mais dans le for intérieur il lui est reconnaissant » parce que, entre autres bienfaits qu'il en reçut, « il tua Clootz et Chaumette et brisa l'autel de la Raison » (t. v, p. 280). — « Robespierre n'était pas prenable du côté des mœurs, pas plus que sous le rapport du désintéressement, mais il l'était par un côté plus intérieur, plus profond... par le fond même de sa nature catholique. Né à Arras, dans une ville de prêtres, élevé par la protection des prêtres, qui même dès qu'il fut homme, le reprirent encore à eux et le firent juge d'Église... Il ne pouvait s'affranchir de cette religion... Tout en parlant mal des prêtres, il ne leur voulait pas grand mal... Il leur était favorable ». A preuve il consent à tenir « sur les fonts du baptême l'enfant nouveau-né d'un Jacobin catholique. Acte grand parce qu'il était libre ; acte qui faisait de ce philosophe l'ennemi du philosophisme » (Id. t. v, p. 391, 392, 393). Et ainsi, en cent passages se déverse la bile, se manifeste la haine de Michelet, pour laquelle Robespierre n'a eu qu'un tort, qui fut son malheur, être *trop catholique!* De nos jours on l'aurait appelé « clérical ».

(2) D'après les témoignages irrécusables du *Moniteur*, dans les temps mêmes où cette feuille était sous l'influence la plus tyrannique des ennemis de Robespierre, il est manifeste : 1° qu'il s'abstint de provoquer ou d'appuyer aucune des lois de la Convention contre les prêtres ; 2° que, dans l'Assemblée Constituante, quoiqu'il eût voté pour la *Constitution civile du clergé*, il s'efforça d'intéresser l'Assemblée au sort des prêtres âgés ou infirmes, sans distinction d'assermentés ou d'insermentés ; 3° qu'il ne prit aucune part aux décrets de

de vue déiste et spiritualiste auquel il se plaçait pour contrecarrer et écraser les athées, ses ennemis, tels que Chaumette (1) et Hébert, c'était là le pendant de la duplicité avec laquelle il prétendait affermir la République ou la Convention, voire même la Monarchie, c'est-à-dire sa propre dictature. Et pour se gagner le peuple, qu'il savait malgré tout religieux, ou plutôt ayant des instincts naturels de religion, au lendemain de l'épouvantable fête de la Raison ne s'était-il pas écrié : « *L'athéisme est aristocratique* (2) ? »

Voilà donc la religion et la royauté mises en cause, opposées l'une à l'autre. Il lui faut par conséquent s'appuyer sur l'adversaire de l'athéisme pour asseoir l'*unité* de pouvoir qu'il projette, à la condition que ce pouvoir ne soit pas l'aristocratie. Et c'est alors son déisme qui va le sauver ; ou plutôt c'est de cette fiction qu'il va user pour avancer ses affaires. Cette démonstration laissons-la faire encore par le compilateur mis déjà à contribution. Réserves faites sur diverses appréciations, on ne saurait contester la justesse de l'exposé que voici :

« Outre les Jacobins, cette grande force révolutionnaire, il ne dédaigna pas de prendre (indirectement) pour point d'appui le clergé. Élevé lui-même par le clergé, disciple de Rousseau et spiritualiste sentimental, moraliste et censeur assez intolérant, il avait le *tempérament prêtre*, suivant l'expression d'un historien (Michelet). Tout en déclamant d'une manière générale contre la *superstition*, il rendit plus d'un service aux prêtres, et, sous ce rapport, il n'était pas fils du xviiie siècle.... En poussant à l'échafaud ceux qui avaient commencé la grande opération de l'élimination du catholicisme, il fut vraiment l'un des restaurateurs de la religion, l'un des précurseurs du Concordat... La *profession de foi du vicaire Savoyard*, le déisme de l'*Émile* étaient pour

déportation, rendus contre ceux-ci en 1792, par l'Assemblée Législative, puisqu'il n'en fut point membre ; 4° que peu de mois après que la *Constitution civile* eut été sanctionnée, il avait résisté de toutes ses forces et avec succès aux efforts que déjà faisait la faction ennemie des non-assermentés, pour qu'on portât des lois pénales spéciales contre ceux d'entre eux qui seraient accusés, à raison ou à tort, d'avoir combattu, par des discours ou des écrits, l'établissement de cette œuvre de schisme ; et enfin 5° que si le 23 juillet 1793, il parut désirer qu'on déportât à la Guyane ceux d'entre eux qui étaient dans des maisons de réclusion, c'est qu'ils y étaient menacés d'un nouveau Septembre (Cf. *Moniteur*, 29 juin 1790, n° 180 ; 21 mars, n° 80 ; 5 et 7 décembre 1793 ; 19 mars 1791, etc.). Voir développement dans Aimé Giron, *Les Martyrs de la foi*, t. 1, p. 213-214 et 158.

(1) Nous écrivons *Chaumette*, ainsi que le font la plupart des historiens, alors cependant que le procureur de la Commune de Paris, en 1793, signait et est porté dans l'*Almanach national*, sous le nom de « *Chaumet* (Pierre-Gaspard-Anaxagoras), rue du Paon, n° 3 ».

(2) Séance du 21 novembre 1793 ; Discours contre la fête de la déesse Raison.

lui des articles de foi (1); ceux qui ne les acceptaient pas aveuglément étaient des matérialistes abjects, sectaires du philosophisme, athées, contempteurs de la vertu, enfin contempteurs du peuple, factieux.... Rousseau était à lui seul la doctrine, la politique, la morale ; il était l'Église, il était l'unique et suffisait à la Révolution ; ses théories devenaient une religion d'État..... Il voulait à tout prix, soit par tendance naturelle, soit par tactique instinctive, ménager ce qui restait de l'ancien culte et de l'ancien clergé. Cela était plus près de ses idées que le rationalisme pur, et il était bien assuré d'y trouver un appui pour l'établissement de son déisme (2).

L'*établissement du déisme* n'était au fond que très secondaire dans la pensée de Robespierre ; c'était un moyen et non une fin. La fin, comme le point de vue, était politique ; les idées spiritualistes, les doctrines déistes opposées à l'athéisme et au matérialisme ne devaient que l'aider à escalader le pouvoir, ou du moins à renverser des adversaires trop puissants. Protester et agir énergiquement au lendemain des saturnales de la fête de la déesse Raison, était une habileté. Le moment et les moyens étaient bien choisis ; tout paraissait devoir réussir à l'ambitieux révolutionnaire. A cette heure terrible où l'Europe entière conjurée ne songeait qu'à démembrer la France, « il fallait un homme capable d'en réunir les éléments divers, de ramener la révolution à une allure plus régulière et plus rassurante pour l'humanité, et de rasseoir la société ébranlée, sur sa base qui est la religion. On dirait, ajoute le judicieux abbé Rohrbacher, qu'un homme, avocat d'Arras, y pensait : cet homme était Maximilien Robespierre (3). »

Effectivement, depuis que plus audacieux en face des factions, ayant éclipsé Mirabeau, il sentait la populace avec lui, ce chef de la *Montagne* entrevit la possibilité de se débarrasser de ses compétiteurs et d'arriver au pouvoir suprême. Pour cela, affectant plus de modération que tels démagogues qu'il enverra bientôt à l'échafaud, il ne prend une part active et ostensible ni aux massacres du 10 août, ni à ceux du 2 septembre (4).

---

(1) Après le grand soulèvement que provoqua l'exécution de Danton, Michelet observe, relativement à la situation qui fut alors faite à Robespierre, que, « fils de Rousseau, il en gardait toujours une certaine idéalité religieuse ; et il y avait recours dans l'effroi qu'il éprouvait de son grand isolement (Tome v, p. 301).
(2) Larousse, *Grand Dictionnaire*, verbo : Robespierre.
(3) *Histoire universelle de l'Église catholique*, t. XXVII, p. 534 ; 3ᵉ édition, Paris, 1859.
(4) Qu'on veuille bien remarquer que nous disons que Robespierre ne prit pas une part *ostensible* aux massacres. La plupart des assertions qu'il apporta pour nier sa participation sont des contre-vérités. Ainsi, le 1ᵉʳ septembre, il s'était écrié : « Personne n'ose dénoncer les traîtres (les Girondins) ? Eh bien, moi, pour le salut du peuple, je les dénonce. Je dénonce le libertin de Brissot,

Les Girondins ne l'en détestèrent pas moins, et plus antipathique que Marat, car ils le croyaient aspirer à la tyrannie, ils l'avaient dénoncé avec plus d'animosité que de prudence. Cependant à cette heure encore Robespierre n'était pas redoutable, au point d'encourir une accusation de dictature. « Ses ennemis, en lui reprochant des desseins alors invraisemblables, et dans tous les cas, impossibles à prouver, augmentèrent eux-mêmes sa popularité et son importance (1). » Néanmoins, soit qu'il prévissent de loin la domination du chef des Montagnards, soit plutôt qu'ils se laissassent entraîner par leur ressentiment, ils l'accusèrent du crime le plus grave pour des républicains. Le député de Marseille, Rebecqui, s'écria en pleine Convention : « *Oui, il existe dans cette assemblée un parti qui aspire à la dictature, et le chef de ce parti, je le nomme, c'est Robespierre ! Voilà l'homme que je vous dénonce.* » Barbaroux appuye cette dénonciation par son témoignage : il affirme que le 10 août, entraîné chez Robespierre, Panis le lui désigna *comme l'homme vertueux qui devait être le dictateur de la France* (2). Au reste, Marat avait conseillé la dictature dans son journal l'*Ami du Peuple*.

Malgré tout, l'accusation n'eut pas encore de suites. Mais, lorsque le 29 novembre 1792, le ministre Roland fit un rapport pour démasquer les menées des agitateurs, faisant allusion à ce qu'avaient dit précédemment Rebecqui et Barbaroux, piqué au vif, Robespierre court se justifier à la tribune. *Personne*, dit-il, *n'osera m'accuser en face!* — Moi, s'écrie Louvet, un des Girondins les plus résolus. *Oui, Robespierre*, poursuit-il en fixant sur lui son ardent regard, *c'est moi qui t'accuse*. Alors, dans une improvisation des plus éloquentes, il ne ménagea ni les actions ni les noms ; il montra cet homme astucieux, rampant, lâche, dirigeant dans l'ombre les atroces exécutions (3) ; et termina cette fougueuse philippique par une série de faits dont chacun était précédé de la menaçante formule : *Robespierre, je t'accuse !* — Terrassé, Robespierre demande huit jours pour répondre aux accusations. Son discours ne fut qu'une ironie et une

---

la faction de la Gironde, la scélérate Commission des Vingt-et-un de l'Assemblée nationale... » (Buchez et Roux, xxi, p. 130.) Cf. aussi, *Moniteur*, 7 septembre 1793 ; *Les Girondins*, par Granier de Cassagnac, ii, p. 63 ; l'*Histoire parlementaire* de Buchez et Roux, xxi, 103, 106, 107 ; Taine, *La Révolution*, t. iii, p. 212-213.

(1) Mignet, *Hist. de la Révolution française*, t. i, p. 316 ; in-12, 17e édition, Paris 1890.

(2) Mortimer-Ternaux, t. iv, p. 78.

(3) Sur ces actes d'hypocrisie, voir notamment les arrêts signés de Robespierre, avec le *approuvé* ; Cf. les *Types révolutionnaires*, par M. de Martel, p. 57 ; et les rapports des Archives nationales, F¹, 4438.

apologie de lui même. Malgré cela, la Convention l'applaudit ; et l'accusé retrouva dans cette victoire bassement marchandée le courage d'un vainqueur résolu plus que jamais à poursuivre son but. Soutenu par les Montagnards, il simula une assurance qu'il sentit augmenter lorsque, à l'occasion de l'abominable fête de l'athéisme, il pourra ressaisir cette force du parti religieux qu'il voulait exploiter avant tout.

Cette épouvantable parodie des cérémonies catholiques, dans laquelle on fit monter une danseuse de l'Opéra, la dénommée Maillard, sur l'autel et *au lieu et place de la ci devant Sainte Vierge* ; cette abominable singerie du culte saint, prépara les voies à celui qui voulait s'appuyer sur un semblant de religion pour gagner les masses naturellement religieuses. Malgré les acclamations des clubistes et de beaucoup de Conventionnels confondus avec la lie du peuple ; malgré les danses affolées des courtisanes marquant le pas dans le *Ça ira* et la *Carmagnole* ; malgré les orgies qui profanèrent la vénérable basilique Notre Dame, décrétée *Temple de la Raison* ; malgré les idiotes idolâtries de Chaumette, qui avait fléchi le genou devant la nouvelle divinité, *chef-d'œuvre de la Nature*, et les déclarations du président de la Convention, Lequinio, qui salua au nom de l'Assemblée le « triomphe de la raison sur la *susperstition et le fanatisme* », malgré toutes ces hontes, à peine compréhensibles chez un peuple sauvage, l'athéisme officiel ne pouvait s'implanter dans l'âme du peuple. Robespierre le comprenait bien ; aussi en le dénonçant à ses Jacobins comme *aristocratique*, il devait nécessairement les lier à ses complots et s'en faire de puissants auxiliaires.

Il se sépara donc ouvertement des athées, comme d'adversaires politiques ; et cela, il le pouvait d'autant mieux, que Danton lui-même avait désapprouvé l'abominable fête du 10 novembre 1793, comme « préjudiciable à son parti par ses hideux excès. » Ce jour-là Chaumette était venu dire à la Convention : « Le peuple ne veut plus de prêtres ; il ne faut pas d'autres dieux que ceux que la Nature nous offre »; et l'Assemblée souscrivit à cette affreuse déclaration. Elle prononça gravement que « la nation avoit renoncé à ses préjugés : qu'elle abjuroit le *fanatisme* et que le règne de la philosophie étoit arrivé. » Ces doctrines faisaient le jeu de l'ambitieux avocat demeuré chef de parti ; mais ce qui le servait encore mieux pour protester avec ostentation, c'était, dit l'auteur du *Martyrologe de la Révolution française* :

« La satisfaction et l'air de triomphe avec lequel la Convention recevoit les offrandes que des mains impies venoient lui faire des dépouilles du sanctuaire ; les applaudissemens qu'elle donnoit à d'épouvantables lettres, par lesquelles des prêtres apostats blasphémoient contre la religion dont ils avoient été les ministres (1) ; le renversement des autels des assermentés, les seuls qui subsistassent et pussent encore maintenir quelque sentiment de religion évangélique parmi le peuple ; enfin la guerre à mort déclarée même à ceux d'entre eux qui exerçoient leur ministère (2). »

Ces excès portent le tribun à rompre en visière avec la faction de la Commune et les adhérents qu'elle avait dans l'assemblée des Conventionnels. Onze jours après la fête de la Raison, le 21 novembre, il monte à la tribune du club Jacobin, et répondant aux discours de deux athées, avec chaleur et assurance il dit qu'on évoquait d'absurdes fantômes en affectant désormais de redouter le fanatisme ; que le seul moyen de faire renaître le fanatisme, c'était de lui faire la guerre avec le zèle coupable qu'on déployait depuis plusieurs jours. Il se plaignit de ce qu'une faction obscure et dangereuse osait troubler la liberté des cultes au nom de la liberté, et attaquer ce fanatisme par un fanatisme nouveau ; de ce qu'elle faisait *dégénérer les hommages rendus à la vérité par des farces éternellement ridicules* ; de ce qu'au mépris de la dignité du peuple, elle ne craignait pas *d'attacher les grelots de la folie au sceptre même de la philosophie.* Il ajouta :

« La République n'est pas athée ; c'est sous les auspices de l'Être suprême qu'elle a proclamé les principes immuables des sociétés humaines, les lois de la Justice éternelle. — Le peuple français condamne le philosophisme comme le fanatisme... On a supposé qu'en accueillant les offrandes civiques, la Convention avait proscrit le culte catholique. — Non, la Convention n'a point fait cette démarche téméraire, la Convention ne la fera jamais. Son intention est de maintenir la liberté des cultes qu'elle a proclamée, et de réprimer en même temps tous ceux qui en abuseraient pour troubler l'ordre public... On a dénoncé des prêtres pour avoir dit la messe ; ils la diront plus longtemps, si on les empêche de la dire. Celui qui veut les empêcher est plus fanatique que celui qui dit la messe.

« Il est des hommes qui veulent aller plus loin ; qui, sous le prétexte de détruire la superstition veulent faire une sorte de religion de l'athéisme lui-même. Tout philosophe, tout individu peut adopter là-dessus l'opinion qui lui plaira ; quiconque voudrait lui en faire un crime est un insensé ; mais l'homme public, mais le législateur serait cent fois plus insensé qui adopterait un pareil système. La Convention nationale l'abhorre... Ce n'est point en vain qu'elle a proclamé la déclaration des *droits de l'homme* en présence de l'Être suprême.

« On dira peut-être que je suis un esprit étroit, un homme à préjugés ; que sais-je ? un fanatique... Je parle comme un représentant du peuple, et dans une tribune où Guadet osa me faire un crime d'avoir prononcé le mot de *Providence*. Si Dieu n'existait pas, il faudrait l'inventer (3). L'athéisme est aristo-

---

(1) Voir les séances de la *Convention*, 17, 18, 19 novembre 1793.
(2) Abbé, Aimé Guillon, *Les Martyrs de la foi*, T. 1, p. 227.
(3) Le « *si Dieu n'existait pas...* » est-il de Robespierre ou emprunté par celui-ci à Voltaire ? Le fait est que la plupart du temps on le cite comme provenant de ce dernier. — A cette occasion nous relèverons l'axiome souvent en cours et attribué au tyran jacobin : *Périssent les colonies plutôt qu'un principe !*

cratique ; l'idée d'un grand Être qui veille sur l'innocence opprimée, et qui punit le crime triomphant est toute populaire (Vifs applaudissements). Le peuple, les malheureux m'applaudissent ; si je trouvais des censeurs, ce serait parmi les reclus et parmi les coupables... Le sentiment de l'existence de Dieu est gravé dans tous les cœurs purs ; il anima dans tous les temps les plus magnanimes défenseurs de la liberté : il sera une consolation au cœur des opprimés aussi longtemps qu'il existera des tyrans. Il me semble, du moins, que le dernier martyr de la liberté exhalerait son âme avec un souvenir plus doux en se reposant sur cette idée consolatrice. Eh! ne voyez-vous pas le piège que nous tendent les ennemis de la République, les émissaires des tyrans étrangers ? En représentant comme l'opinion générale les travers de quelques individus et leur propre extravagance, ils voudraient nous rendre odieux à tous les peuples... Je le répète, nous n'avons plus d'autre fanatisme à craindre que celui des hommes immoraux, soudoyés par les Cours étrangères pour réveiller le fanatisme et pour donner à notre Révolution le vernis de l'immoralité (1) »

Comme conclusion de son discours, Robespierre dénonce et fait chasser des Jacobins une coterie d'hommes immoraux et sanguinaires, qui servaient de complices à l'infâme inventeur de la déesse Raison, Hébert. Peu à peu il domine par la parole, par l'énergie de ses actes, par son despotisme les factions Athéistes, Dantonistes et Orléanistes, dont il ne tarda pas à faire monter les chefs sur l'échafaud, établi en permanence et fonctionnant sur simple dénonciation, sans jugement préalable. Cela s'imposait quand on voulait être le vrai disciple de Jean-Jacques. Il y a dans le *Contrat social* (ainsi que l'observe un historien peu suspect en pareille matière) (2), il y a un passage emprunté à la *République* de Platon, où il est dit « qu'on peut mettre à mort les athées comme ennemis de la société. » Dans cette maxime, que Rousseau eût effacée s'il en eût prévu l'application, on croyait voir la vraie pensée de Robespierre.— Au fait, par ces exécutions le déisme et Rousseau étaient bien vengés.— Il ne tuait pas pour tuer, mais pour faire triompher sinon ses doctrines religieuses, du moins ses projets politiques.

En effet, tandis qu'il terrorisait et exécutait la faction athéiste, il obligeait, au même moment, ses séides à alléger les peines et les poursuites

---

Il s'agissait de la question des colonies et des droits égaux pour les hommes de couleur et pour les blancs. Robespierre au cours de sa plaidoirie s'écria : « Périssent les colonies, s'ils vous en coûter votre bonheur, votre gloire, votre liberté ; si les colons veulent, par les menaces, vous forcer à décréter ce qui convient le plus à leurs intérêts. » De son côté un autre orateur, Duport, dit au cours de la discussion : « Il vaudrait mieux sacrifier les colonies qu'un principe. » (*Moniteur*, du 15 mai. La fameuse phrase s'est donc formée après coup de ces deux mouvements oratoires.

(1) Séance du 1er frimaire, an II (26 novembre 1793) *Moniteur* du 6. Texte *in extenso* dans l'*Hist. parlementaire*, par Buchez et Roux, t. xxx, p. 274-283.
(2) Henri Martin, *Hist. de France populaire illustrée*, T. XIII, p. 258.

contre les prêtres et les religieux (1). Et lorsque, au début de l'année 1794, mis à la tête du Comité de Salut public avec Couthon et Saint-Just, il se sent omnipotent, alors il chercha à jeter les bases d'un gouvernement durable. Pour cela, il fallait à ce gouvernement, comme appui et comme ressort, les classes pauvres, le peuple ignorant, la multitude avec ses instincts, ses besoins et aussi ce qu'elle a de dévouement et de vertu.

« Ces législateurs homicides voulurent donc, selon l'exemple antique, prendre pour point de départ de leur théorie constitutionnelle, l'idée si redoutable pour eux-mêmes de l'existence et de la toute-puissance de Dieu. L'entreprise n'était point sans péril : on avait à craindre tout ce mouvement athée et impie, dont Hébert et Chaumette n'avaient été que les apôtres délirants, mais qui remontait, en réalité, à Voltaire et à son école : il fallait parler de Dieu et professer une sorte de spiritualisme, en face de cette Convention qui avait dansé la *Carmagnole* derrière l'apostat Gobel, et adoré sur les autels profanés de Notre-Dame, les idoles vivantes de la philosophie et de la raison (2). »

Robespierre prit cette initiative. Vingt-quatre jours seulement après que la tête de Chaumette fut tombée sur l'échafaud, le 18 floréal (7 mai 1794), il crut le moment venu de commencer son œuvre. Affichant une assurance qu'il puisait dans sa résolution à faire un coup d'État capable de lui gagner la partie saine de la nation, qui avait rougi des bacchanales célébrées en l'honneur de la déesse Raison, sûr de son discours habilement préparé et qu'il devait lire pour ne point perdre le fil de son argumentation (3), il monte à la tribune pour imposer à la Convention un

(1) Ce ne fut pas une légère surprise pour ceux qui ne connaissaient pas la marche des intrigues, de voir le pas rétrograde que fit alors le tribunal révolutionnaire, dans le jugement de huit religieuses Carmélites, de la rue de Grenelle, à Paris, le 22 pluviôse (9 fév. 1794). Elles étaient toutes convaincues « d'avoir formé dans leur domicile, rue Neuve-Sainte-Geneviève, un rassemblement où se trouvaient des prêtres réfractaires ; d'avoir même refusé de prêter le serment de *liberté-égalité*, etc... » Et cependant les juges ne les condamnèrent qu'à la déportation, parce que, disaient-ils, « elles ne l'avaient pas fait avec mauvaise intention. » Encore ne subirent-elles pas la peine qui leur était infligée. Quelle différence entre ce jugement et celui des Carmélites de Compiègne, rendu le 29 messidor, an II (17 juillet 1794), douze jours avant la chute de Robespierre et lorsque depuis un mois au moins il n'assistait plus aux séances du Comité de Salut public ! Nous aurons à parler de ces seize religieuses montées ensemble à l'échafaud.

(2) Rohrbacher, *Histoire universelle de l'Église*, t. xxvii, p. 557.

(3) A propos des discours de Robespierre, Henri Taine a porté ces jugements : « Rhéteur composé, emphatique et plat... Sa première passion est la vanité littéraire... Le grand discours du 9 thermidor est d'apparat, écrit et récrit ; c'était bien l'heure et le moyen !... Vieilles ficelles, vieille machine ; Trissotin sentimental... Sans la Révolution, il serait resté avocat de province

système politique et religieux. « Citoyens, dit-il, nous venons aujourd'hui soumettre à votre méditation des vérités profondes qui importent au bonheur des hommes, et vous proposer des mesures qui en découlent naturellement. » Il employa près d'une heure à disposer favorablement les esprits ; puis se tournant du côté des athées, et visant plus spécialement celui d'entre eux qui se distinguait par son cynisme, sa rage et sa cruauté, l'ex-prêtre Fouché (1), il le cingla par cette tirade restée célèbre :

« Qui t'a donné mission d'annoncer au peuple que la Divinité n'existe pas, ô toi qui te passiones pour cette aride doctrine et qui ne te passiones jamais pour la patrie ? Quel avantage trouves-tu à persuader à l'homme qu'une force aveugle préside à ses destinées et frappe au hasard le crime et la vertu ; que son âme n'est qu'un souffle léger qui s'éteint aux portes du tombeau ? L'idée de son néant lui inspirera-t-elle des sentiments plus purs et plus élevés que celle de son immortalité ? lui inspirera-t-elle plus de respect pour ses semblables et pour lui-même, plus de dévouement pour la patrie, plus d'audace à braver la tyrannie, plus de mépris pour la mort ou pour la volupté ? Vous qui regrettez un ami vertueux, vous aimez à penser que la plus belle partie de lui-même a échappé au trépas ! Vous qui pleurez sur le cercueil d'un fils ou d'une épouse, êtes-vous consolé par celui qui vous dit qu'il ne vous reste d'eux qu'une vile poussière ? Malheureux qui expirez sous les coups d'un assassin, votre dernier soupir est un appel à la justice éternelle ! L'innocence sur l'échafaud fait pâlir le tyran sur son char de triomphe : aurait-elle cet ascendant si le tombeau égalait l'oppresseur et l'opprimé ? Malheureux sophiste ! de quel droit viens-tu arracher à l'innocence le sceptre de la raison, pour le remettre dans les mains du crime, jeter un voile funèbre sur la nature, désespérer le malheur, réjouir le crime, attrister la vertu, dégrader l'humanité ? Plus un homme est doué de sensibilité et de génie, plus il s'attache aux idées qui agrandissent son être et qui élèvent son cœur ; et la doctrine des hommes de cette trempe devient celle de l'univers. Eh ! comment ces idées ne seraient-elles point des vérités ?... Un grand homme, un véritable héros s'estime trop lui-même pour se complaire dans l'idée de son anéantissement. Un scélérat, méprisable à ses propres yeux, horrible à ceux d'autrui, sent que la nature ne peut lui faire de plus beau présent que le néant... Ah ! si l'existence de Dieu, si l'immortalité de l'âme n'étaient que des songes, elles seraient encore la plus belle de toutes les conceptions de l'esprit humain... L'idée de l'Être suprême et de l'immortalité de l'âme est un rappel continuel à la justice ; elle est donc sociale et républicaine ! »

et médaillé de quelque académie. » (*La Révolution*, t. III, p. 192, 194). — De son côté, Edgard Quinet l'apprécie ainsi : « Aucun tribun dans le monde n'a eu une langue moins populaire, plus savante, plus étudiée que Robespierre et Saint-Just. Quiconque s'essaya à parler la langue du peuple leur fut promptement et naturellement odieux ; cela leur semblait faire déchoir la République. Ils ne la virent jamais qu'avec la pompe de Cicéron et la majesté de Tacite. » (*La Révolution*, t. II, p. 175).

(1) C'est ce misérable apostat que Chaumette avait chargé de l'établissement de l'athéisme dans le département de la Nièvre, son pays natal, où il l'avait envoyé à titre de proconsul. Il exécuta si bien les ordres de son chef, que celui-ci faisant publier par le *Moniteur* (29 sept.) le résultat de ses opérations sacrilèges et tyranniques, ajoutait : « Le peu de bien que j'ai pu faire dans ma vie n'égalera jamais celui que le représentant Fouché et les sans-culottes de la

A ces mots, la Convention qui avait été complice de l'athéisme de Chaumette et d'Hébert, se sentit émue et fit entendre des applaudissements ; l'orateur continua : « ... Si je me trompe, c'est avec tous ceux que le monde révère. » Après de longues déclamations, dans lesquelles la philosophie des anciens et l'Eglise catholique étaient tour à tour passées en revue et attaquées, Robespierre osa dire ce qu'il pensait de la philosophie du xviiie siècle et de l'école encyclopédiste :

« Cette secte, dit-il, renfermait quelques hommes estimables et un plus grand nombre de charlatans ambitieux ; plusieurs de ses chefs étaient devenus des personnages considérables dans l'Etat ; quiconque ignorerait son influence et sa politique n'aurait pas une idée complète de la préface de la Révolution. Cette secte, en matière de politique, resta toujours au-dessous des droits du peuple ; en matière de morale elle alla beaucoup au-delà de la destruction des *préjugés religieux*. Ses coryphées déclamaient quelquefois contre le despotisme, et ils étaient pensionnés par les despotes ; ils faisaient tantôt des livres contre la cour et tantôt des dédicaces aux rois, des discours pour les courtisans et des madrigaux pour les courtisanes ; ils étaient fiers dans leurs écrits et rampants dans les antichambres. Cette secte propagea avec beaucoup de zèle l'opinion du matérialisme, qui prévalut parmi les grands et parmi les beaux esprits ; on lui doit en grande partie cette espèce de philosophie pratique qui, réduisant l'égoïsme en système, regarde la société humaine comme une guerre de ruses, le succès comme la règle du juste et de l'injuste, la probité comme une affaire de goût ou de bienséance, le monde comme le patrimoine de fripons adroits. »

Comme la Convention, étonnée de ce langage nouveau, demeurait silencieuse, Robespierre, avec son jeu de bascule, se hâta d'aller au devant des inquiétudes de l'assemblée et de jeter la pierre aux *fanatiques* et aux prêtres. « Laissons les prêtres, s'écria-t-il ensuite, et retournons à la Divinité !... Le véritable prêtre de l'Être suprême, c'est la nature ; son temple, l'univers ; son culte, la vertu ; ses fêtes, la joie d'un grand peuple rassemblé sous ses yeux pour resserrer les doux nœuds de la fraternité universelle et pour lui présenter l'hommage des cœurs sensibles et purs. » Ainsi l'hypocrite et rusé jacobin n'allait point au delà du simple déisme ; il ne tenait compte de la religion révélée que pour dédaigner ses dogmes et écarter ses mystères. C'est un progrès néan-

société de Nevers ont fait dans le département de la Nièvre. Ce pays est déjà régénéré par ses soins *paternels* (!) ; le *fanatisme* est détruit, les gens suspects sont emprisonnés... » Entre autres mesures scélérates prises par ce révolutionnaire, il était ordonné que le drap mortuaire qui couvrirait les cadavres lorsqu'on les porterait en terre, ne serait plus orné que de la figure du *Sommeil* ; que des statues du *Sommeil* seraient substituées aux croix du cimetière ; que sur la porte de cette demeure dernière on ne lirait plus que ces mots désespérants pour la vertu : *La mort est un sommeil éternel*. Il avait fait détruire les sculptures et peintures qui pouvaient rappeler la religion...

moins en face des théories subversives des athées qu'il avait devant lui, et auxquels il ne craignait pas de dire en terminant ce discours :

« Malheur à celui qui cherche à étouffer par de désolantes doctrines cet instinct moral du peuple, qui est le principe de toutes les grandes actions !. Mais quelle est donc la dépravation dont nous sommes entourés, s'il nous a fallu du courage pour proclamer la doctrine de l'existence de Dieu ? La postérité pourra-t-elle croire que les factions vaincues avaient porté l'audace jusqu'à nous accuser de modérantisme et d'aristocratie, pour avoir rappelé l'idée de la Divinité et de la morale ? Croira-t-elle qu'on ait osé dire jusque dans cette enceinte, que nous avions par là reculé la raison humaine de plusieurs siècles ?... Mais ne nous étonnons pas si tant de scélérats ligués contre nous semblent vouloir nous préparer la ciguë ; avant de la boire nous sauverons la patrie !... »

Les applaudissements de la majorité avaient éclaté à plusieurs reprises et couvrirent ces dernières paroles. Aussi, séance tenante et fort d'un succès qui allait préparer la Terreur, le tribunal fait rendre à l'unanimité un décret proclamant que :

« 1° Le peuple français reconnaît l'existence de l'Etre suprême et l'immortalité de l'âme ; 2° il reconnaît que le culte digne de l'Etre suprême est la pratique des devoirs de l'homme ; 3° il met au premier rang de ces devoirs de détester la mauvaise foi et la tyrannie, de punir les tyrans et les traîtres, de secourir les malheureux, de respecter les faibles, de défendre les opprimés, de faire aux autres tout le bien qu'on peut et de n'être injuste envers personne ; 4° il sera institué des fêtes pour rappeler l'homme à la pensée de la Divinité et de la dignité de son être. »

Avant de jeter un coup d'œil sur les résultats que lui ménagèrent et ce décret et le discours qui l'avait si bien préparé, laissons apprécier Robespierre par quelques-uns de ses chauds partisans. Michelet lui en veut de s'être tant occupé de religion, et surtout d'avoir trop fait pencher la balance en faveur du catholicisme, qui est sa bête noire à lui. Il lui aurait voulu d'autres opinions politiques pour avancer son œuvre sans l'appui de la superstition ; mais, malheureusement « Robespierre fut pris du mal des rois, la haine de l'idée. » Aussi « l'idée bizarre de ce faible et pâle bâtard de Rousseau était que la France avait perdu Dieu et qu'il allait le lui donner. » (1) — Pour Louis Blanc, son héros admirable « pensait comme Caton et comme Jean-Jacques sur l'existence de Dieu ; » il voulut « la liberté de toutes les religions et non du catholicisme en particulier », repoussant « également et le prêtre du fanatisme et celui de l'incrédulité. » (2) — De son côté Quinet résume ainsi son appréciation : « Le culte de la *Raison*, noyé si tôt dans le sang de ses auteurs, avait appris quelque chose à Robespierre ; en le proscrivant il se promit

(1) *Hist. de la Révolution*, t. v, p. 131, 303.
(2) *Hist. de la Révolution*, t. II. p. 597, 598.

de le remplacer. Rousseau lui fournit le fond de l'idée ; avec son illusion sur le catholicisme, il eût pu emprunter à Bossuet le *Sermon sur le culte de l'Être Suprême* (1). Somme toute, c'est la rage au cœur que ces matérialistes et rationalistes constatent les tendances religieuses de Robespierre, et selon leurs préjugés, en atténuent ou grandissent les conséquences.

Mais, mise en bonne voie par la proposition de son chef, et après avoir déclaré la liberté des cultes, la Convention applaudissant au décret que nous venons de reproduire, fixa pour le 20 prairial suivant (8 juin) une fête solennelle en l'honneur de l'Être suprême. Au jour dit (lequel coïncidait avec la Pentecôte) la cérémonie eut lieu dans le jardin des Tuileries, sous la présidence de Robespierre, présidence qui lui avait été décernée par le vote unanime de l'Assemblée. Cette unanimité n'empêcha pas que, tandis que « le grand-prêtre » pontifiait aux diverses cérémonies, dont on peut lire la description dans toutes les histoires, les uns lui dressaient un piédestal, et les autres préparaient déjà l'échafaud. Un des assistants a écrit sur cette fête des observations dont peu d'historiens ont tenu compte. En voici les passages les plus saillants :

« Robespierre était à la tête de cette procession, en qualité de président de la Convention nationale. Il était vêtu d'un habit couleur bleu céleste (2), suivant son usage, et tenait à la main un bouquet de fleurs. On remarqua qu'il y avait un intervalle considérable entre ses collègues et lui. Le fait de l'intervalle est vrai. Les uns ont attribué cet intervalle à une simple déférence, les autres ont pensé que Robespierre avait essayé par là une preuve de souveraineté. Pour moi je suis porté à croire que c'est la haine que l'on portait à Robespierre qui détermina cette séparation... Il ne faut pas croire qu'il y eut beaucoup d'encens pour le dieu du jour. J'entendis beaucoup d'imprécations proférées assez haut pour parvenir jusqu'aux oreilles du sacrificateur. On a dit qu'il aurait pu profiter de ce jour-là pour déclarer la souveraineté. Il n'en faut rien croire : le mécontentement était partout, la satisfaction et la joie nulle part. Il est bien plus vrai de dire que sa perte fut jurée dans cette procession triomphale. Plusieurs ne s'en cachèrent point, et si l'intervalle n'en fut pas la principale cause, au moins les conjurés en profitèrent pour augmenter leur nombre et faire croire à la dictature... Il n'y avait pas entre Robespierre et moi plus de huit personnes de file ; j'ai entendu toutes les imprécations. Elles partaient de Thirion de Montaut, de Ruamps et surtout de Lecointre de Versailles qui appela plus de vingt fois Robespierre *dictateur, tyran*, et menaça de le tuer. Robespierre s'en plaint dans ses discours. Il faut remarquer que ces injures s'adressaient au dictateur et point du tout à l'Être-Suprême. Le-

---

(1) *La Révolution*, t. II, p. 181.
(2) D'après son historien panégyriste, Robespierre portait : « culotte de nankin, habit bleu barbeau, ceinture tricolore, chapeau à panaches ». Cf. Hamel, *Hist. de Robespierre*, t. III, p. 541.

cointre et les autres croyaient que Robespierre avait proposé cette idée, pour établir sur le droit divin le pouvoir qu'il voulait usurper (1). »

Ses partisans lui avaient effectivement préparé un triomphe d'orgueil. C'est à lui qu'ils voulurent tout faire rapporter; et c'était un maître qu'ils se donnaient. On ne pouvait nier « le triomphe retentissant de sa doctrine et la consécration officielle de sa papauté » (2). Lui, dans son enthousiasme, ne put s'empêcher de s'écrier : « Comme les tyrans doivent pâlir à l'idée de cette fête » (3). Mais athées, hébertistes, chaumettistes, dantonistes, renforcés des proconsuls que Robespierre avait fait rentrer des divers départements aussitôt qu'il s'était débarrassé de leurs chefs, ne manquèrent pas de le tourner en dérision. Et quand ils le virent mettre de sa main le feu au mannequin qui représentait « le monstre de l'athéisme », et aux figures allégoriques des vices qui faisaient cortège à celui-là, un sans culotte, dans la foule, jeta ce mot : « Le b...! il n'est pas content d'être maître! il lui faut encore être dieu! » Un autre murmurait : « Il y a encore des Brutus! » En ricanant, un des coryphées avait déjà dit : « Robespierre a donné un brevet d'existence à l'Être suprême ! » Et des catholiques irréfléchis, mécontents de ce que ce croyant s'était arrêté à la religion naturelle, répétèrent ce sarcasme. C'était malhabile au regard des athées; et la plaisanterie retombait sur les déistes, qui jamais n'eussent voulu la chute de Robespierre, s'ils n'avaient pas vu à côté d'une aspiration effrénée au pouvoir suprême un progrès bien marqué de la persécution du terroriste (4).

(1) *Mémoires inédits* du conventionnel Baudot. Divers auteurs rejettent ces récits comme provenant d'un grand adversaire de Robespierre. Mais Edgard Quinet qui les apprécie à leur valeur sérieuse pour la plupart des faits, fait observer que « écrits dans l'exil, sous la Restauration, ces *Mémoires* contiennent non seulement les souvenirs personnels de l'auteur, mais aussi bien souvent les révélations de ses collègues. Tous ensemble mettaient en commun leurs témoignages, n'ayant plus d'intérêt passionné à ajourner la vérité. » (*La Révolution*, t. II, p. 202). D'ailleurs sur plusieurs points, Baudot déclare que malgré sa haine pour ce bourreau, il faut l'innocenter de bien des accusations portées contre lui. Ainsi, jamais il ne fut de connivence avec la Royauté, jamais son nom ne fut prononcé publiquement pour la dictature. (Cf. Quinet, p. 202-203 ; 229-230).
(2) H. Taine, *La Révolution*, t. III, p. 215.
(3) Cf. Vilate, *Causes secrètes de la Révolution*, p. 34.
(4) « Quand l'on considère, dit M. de Proussinalle (*Histoire secrète du tribunal révolutionnaire de Paris*, t. II, p. 209), que pendant les quarante-cinq jours où Robespierre ne parut pas aux comités du gouvernement, ils envoyèrent à la mort 709 personnes de plus que dans les quarante-jours qui avaient précédé, lorsqu'on réfléchit qu'on avait pris, en l'absence de Robespierre, des mesures pour porter le tribunal révolutionnaire, de sa salle ordinaire, dans l'immense salle des *Pas-Perdus* du Palais de Justice; qu'on faisait un aqueduc

« Cependant, dit l'auteur des *Martyrs de la Foi*, toutes les personnes portées à la piété ne jugèrent pas avec une égale défaveur ce premier pas de Robespierre vers la religion révélée. Plusieurs d'entre elles, convaincues qu'en des circonstances aussi difficiles que celles où il se trouvait, il n'avait pu aller plus avant, lui en surent gré, au point de lui écrire des lettres de félicitation, se flattant que bientôt il parviendrait à combler entièrement leurs vœux. Des historiens contemporains de cette époque racontent qu'il reçut, comme dans la suite Buonaparte, après son Concordat de 1801 (1), « des adresses pleines de reconnaissance, dans lesquelles il était appelé l'*envoyé du ciel*, le *sauveur de la France* (2); qu'il y eut des communes où même l'on chanta le *Te Deum*, à cause de son discours contre l'athéisme et de sa fête de l'*Être-Suprême*. En ce temps-là, dit la *Biographie des Vivans*, article *Vadier*, « Robespierre se mit à protéger les prêtres, » comme le fera Buonaparte en 1800. Mais le prodigieux succès qu'obtiendra, dans la suite, par des moyens analogues, un guerrier en-

pour recevoir et conduire à la rivière le sang des victimes; qu'on creusait dans les carrières pour qu'elles engloutissent plus de cadavres; qu'enfin l'on faisait dans les prisons des excavations sous prétexte d'y pratiquer des fosses d'aisance, et que la crainte des prisonniers était de périr dans un massacre général; lorsqu'on réfléchit que tout cela se faisait sans la participation de Robespierre, et même à son insu, l'on est forcé de convenir que les Vadier, les Billaud-Varennes, etc., etc., » dépassèrent de beaucoup les exécutions consommées jusque-là. A mesure qu'on avança vers le 9 thermidor, depuis le jour où Robespierre s'était retiré du comité (11 juin-23 prairial), ces immolations se multiplièrent d'une manière effrayante. Ainsi, sur les 1,283 victimes de ces quarante-jours, il y en eut 118, soit prêtres soit religieux, c'est-à-dire près d'un *onzième*, dont la mort pour cause de religion fut tout entière l'œuvre du Comité de Salut public. Antérieurement (le 29 mars 1794) sur 445 exécutés, on n'en compta que 35 pour motif religieux, c'est-à-dire plus d'un *douzième*; depuis le 9 germinal, où la faction athéiste avait été vaincue par Robespierre, jusqu'au 22 prairial, sur 816 victimes, 55 seulement appartenaient à la catégorie religieuse, c'est-à-dire moins d'un *quinzième*; les 22 et 23 prairial, il n'y en eut aucun de ce genre parmi les 35 condamnés ces deux jours-là; le 24 du même mois recommença l'exécution des personnes de religion, mais avec une certaine réserve. Progressivement le nombre s'accrut; de sorte que le 29 messidor, dix jours seulement avant la défaite de Robespierre, le Comité fit égorger les 16 carmélites de Compiègne et 4 autres personnes regardées comme complices de leur sainte croyance. Le jour même où le tyran fut renversé, 2 prêtres catholiques montèrent à l'échafaud; et à partir de ce moment, non seulement la religion était un crime, mais les sciences et les arts devinrent un titre de proscription. A cette époque s'appliqua plus particulièrement ce que Lactance avait dit des persécutions de Galère : *Litteræ autem inter malas artes habitæ; et qui eas nocerunt, pro inimicis hostibusque protriti et execrati...* (*De Mortibus persecutorum*, nᵒˢ 22 et 23.)

(1) On a vu à la note 1 de cet article que ce rapprochement entre Robespierre et Bonaparte a été fait par Michelet.

(2) Nous verrons plus loin que ces titres ne lui étaient pas ménagés par la secte des illuminés. Son biographe, M. Hamel, assure par trois fois que Robespierre ressemble à Jésus-Christ. D'après Michelet « les Jacobins disaient : Espérons en Dieu ! les *missi* de Robespierre étaient d'une puissance inférieure » (*Révolution*, t. v, p. 150). Toutefois, observe ce même historien : « Le tyran fut jugé diversement : dieu pour l'un, monstre pour l'autre. » (*Id*., t. IV, p. 31.)

vironné du prestige imposant de trente victoires, et de la force d'une immense armée qui semblera n'exister que pour lui, pouvait-il devenir le partage d'un légiste qui, tout à fait étranger au métier de la guerre, n'avait jamais connu d'autres triomphes que ceux de l'intrigue et de la tribune aux harangues » (1).

A ce défaut de prestige, de stratégie et de puissance militaires, Robespierre saura bien suppléer par les divers stratagèmes que la volonté, la ténacité et les habiletés de la politique inspirent à l'homme qui veut arriver quand même et pour qui tous les moyens sont bons. Que si, malgré tout, il ne put aboutir à ses fins, il le dut aux armes qu'il avait forgées et qui devaient fatalement se retourner contre lui : la guillotine l'avait débarrassé de ceux qui gênaient ses projets de dictature personnelle, la guillotine le fit disparaître à son tour. Il avait usé également de la puissance religieuse, c'est à dire d'un illusoire spiritualisme uni à certains égards envers le culte et ses ministres, pour capter les masses et asseoir son pouvoir suprême sur les cadavres des Constitutionnels, des Girondins, des Dantonistes, au-dessus desquels il avait eu l'habileté de faire resplendir l'image de l'Être suprême ; mais tandis que sous ce dehors de religiosité il préparait un redoublement de terreur, ses prétendues relations avec un groupe de mystiques et d'illuminés feront déborder la coupe des colères révolutionnaires et l'entraîneront dans le fleuve de sang qu'il avait creusé et si épouvantablement grossi. — Voyons cet épisode de l'illuminisme dans la période révolutionnaire qui devint fatale au sanguinaire spiritualiste.

II

En pleine Convention et, antérieurement, dans le Comité de salut public, deux farouches conventionnels, Courtois et Vadier, accusèrent Robespierre de trahison, comme se prêtant au complot des nations coalisées, et participant aux réunions politico-religieuses qui se tenaient clandestinement chez une visionnaire, nommée Catherine Théot. Non content d'avoir établi ces faits en des rapports très documentés et puisés, soit dans des papiers saisis chez la voyante, soit dans des correspondances écrites de la main même de l'inculpé, Vadier les porta deux fois (27 prairial et 9 thermidor) à la tribune de l'Assemblée, et aux Jacobins le soir même du 27 prairial (15 juin). Malgré son grand âge et ses infirmités, dans une fougue qui tenait du délire et que ne firent qu'animer les scènes épouvantables de la séance où, haletant et presque aphone Robespierre s'entendit crier de tous côtés : « A bas le tyran !... C'est le sang de Danton qui t'étouffe ! », Vadier, prétendant parler « avec le calme de la

(1) Aimé Guillon, *Op. cit.*, t. I, p. 238-239.

vertu », s'écria : « J'accuse Robespierre d'avoir appelé le rapport sur Catherine Théos une farce ridicule, d'avoir dit que c'était une femme à mépriser, tandis que nous prouverons qu'elle avait des correspondances avec Pitt, avec Bergasse, avec la duchesse de Bourbon et avec le Pape (1). »

Pour plusieurs historiens cette accusation, surtout en ce qui touche aux relations avec les Illuminés présidés par la susdite visionnaire, est de pure invention et pour ridiculiser Robespierre. L'un, rappelant très brièvement cette sortie de Vadier, l'appelle « *ridicule* affaire (2) » ; l'autre, résumant en trois lignes cette partie de la terrible séance, écrit que l'orateur « mêla à ces formidables débats le *dérisoire* souvenir de Catherine Théot (3) ». Celui-ci qualifiant les adeptes de cette visionnaire de « petite secte mystique formée par une vieille femme qui mêlait l'Apocalypse à la Révolution », ne veut voir dans l'accusation du rapporteur qu'un but : « faire savoir que la *Mère de Dieu* (4) appelait Robespierre son *Messie* (5) ». L'apologiste, Louis Blanc, qui consacre à cette scène la majeure partie du chapitre intitulé : *Horribles machinations contre Robespierre*, a des indignations qui le font s'écrier : « En vérité, on rougit d'avoir à raconter de telles choses. » Puis, traitant Catherine Théot de « pythonisse » de « diseuse de bonne aventure », tandis que Courtois, Vadier, Sénart, accusateurs ou rapporteurs dans cette affaire, sont « les pires des calomniateurs voulant perdre à tout prix un adversaire », ce panégyriste s'insurge contre les applaudissements railleurs et les violents éclats de rire qui partirent de tous les bancs de l'Assemblée, au récit des « scènes burlesques » auxquelles donna lieu celui qu'on veut « faire passer pour un *mystagogue*. Et tous les regards, ajoute Le Blanc, de se porter sur Robespierre, cloué sur son fauteuil, obligé de présider lui-même à ces pasquinades indécentes, condamné au supplice d'en dévorer l'outrage (6). »

Avec non moins d'indignation, Edgard Quinet a écrit sur ce sujet une page qui mérite d'être reproduite ; et parce qu'elle renferme des appréciations qui ne sont pas à dédaigner, et parce qu'elle prouvera une fois de plus que le but poursuivi par Robespierre était la *dictature*, comme le but de ses ennemis était de l'entraver dans ces démarches. Voici donc le récit de cet historien ; en attendant de relever, avec celles de L. Blanc,

---

(1) Voir le récit *in extenso* de cette séance, et pour la suite de notre travail sur cette matière, dans l'*Hist. parlementaire*, par Buchez et Roux, t. xxxiii.
(2) Larousse, *Dictionnaire du xix° siècle*, verbo *Robespierre*.
(3) Gabourd, *Hist. de France*, t. xix, p. 233.
(4) Titre que prenait Catherine Théot, et dont on verra les motifs ci-après.
(5) Henri Martin, *Hist. de France populaire*, t. viii, p. 263.
(6) Louis Blanc, *Hist. de la Révolution*, t. iii, p. 20, 21.

telles assertions en opposition avec les pièces et documents, sur lesquels nous appuyons notre thèse.

« Le plus grand signe de dépérissement de la toute-puissance de Robespierre, c'est qu'on osa se jouer de lui en face, dans la Convention ; et voici comment la scène fut préparée. On avait souffert toutes les barbaries sans se plaindre ; mais dans la fête de l'Être Suprême, Robespierre avait provoqué par sa dévotion affectée les malices et les rancunes de l'esprit du XVIIIe siècle (1). Cet esprit se révéla et jura de se venger.

« Les inventeurs de ce drame découvrent dans un galetas du faubourg Saint-Jacques une illuminée, Catherine Théot, fanatique de Robespierre et Égérie de Dom Gerle. Ils forgent une prétendue lettre de la sybille à Robespierre, qu'elle appelait le pontife de l'Être-Suprême. On y joignit tout ce qu'on put trouver ou entasser de superstitions ridicules. Ce personnage grotesque, enlaidi encore par l'imagination de Barrère, fut l'objet d'un vaste rapport que Vadier lut à la Convention, parodie du grand prêtre de l'Être-Suprême, sous les traits de la prophétesse. Et pour que la ressemblance ne pût échapper à personne, on ne manqua pas de ramener l'éternelle accusation de conspiration. Cette plaisanterie atroce concluait à jeter à l'échafaud, avec tous ses compagnons d'idolâtrie, la vieille Catherine Théot, dont Barrère avait changé le nom en *Théos* (2).

« Le plus incroyable est que les ennemis de Robespierre choisirent le temps où il présidait l'Assemblée ; chacun était d'avance dans le secret de cette comédie aristophanesque (3). Lui seul, et quelques-uns de ses fidèles consternés gardaient le silence ; les huées partaient de tous côtés ; elles le transperçaient d'autant plus visiblement qu'il semblait occuper le fauteuil pour recevoir tous ces traits à la vue de la France, sans danger pour personne. Cette scène fut une des plus douloureuses de sa chute. Il affectait un funèbre sourire ; dans le fond du cœur les furies se déchaînaient. Si la Terreur eût été à refaire, il en aurait eu la conception à ce moment. Un pouvoir qui a commencé à être ridicule, ne peut regagner le sérieux que dans le sang.

Où était désormais le refuge de Robespierre, sinon dans la pleine puissance incontestée, c'est-à-dire dans la *dictature* ? Je ne doute pas que le projet de s'en saisir, *depuis longtemps médité*, ne prît sa consistance après quelques-unes des scènes que je viens de décrire. Les relations inédites sur lesquelles je m'appuie ici (4), s'accordent à placer cette entreprise d'usurpation au commencement de messidor. D'après ces récits, Robespierre se présenta un soir à

(1) Encore ici une affirmation de ce que nous avons dit ci-avant : la principale cause des oppositions que trouva Robespierre fut sa *religion*, son *mysticisme* révélés surtout au jour de la fête de l'Être-Suprême. On lui pardonnait plus facilement « ses barbaries ».

(2) Nous reviendrons sur ces diverses appellations, quand nous aurons à traiter de ce personnage.

(3) Il y avait si peu de secret, que le rapport accusateur avait déjà été lu aux Jacobins et à la Convention, et que le Comité de salut public avait chargé son policier Sénart d'aller faire des perquisitions dans cette petite église ; déjà même les membres étaient mis en état d'arrestation. Tandis qu'en effet la scène d'accusation contre Robespierre eut lieu le 9 thermidor (juillet) et une première le 27 prairial (15 juin), les illuminés étaient arrêtés, depuis le 16 mai 1794 (27 floréal).

(4) Quinet s'en rapporte ici aux *Mémoires* de Baudot, dont on a vu l'appréciation ci-avant, p. 29.

onze heures, au Comité de salut public, suivi de sept à huit compagnons, *porte-bâtons* qui lui servaient d'escorte et qui l'attendirent dans une des salles voisines. Saint-Just parut bientôt après... (1) ».

Ici vient se souder la célèbre scène, dans laquelle le jeune coryphée de Robespierre jeta publiquement le mot de *dictateur* joint au nom de son maître, et qu'on a lue plus haut. On a bien prétendu que « le nom de Robespierre ne fut pas prononcé ». Cette version, dit l'historien que nous venons d'entendre, semble plus conforme au caractère de cet homme ; « il restait ainsi maître de son projet, qu'il pouvait nier au besoin. D'ailleurs son orgueil était mieux préservé, l'échec étant pour la proposition et non pour sa personne (2). » Mais M. Quinet a soin d'ajouter immédiatement ses réflexions sur l'autre hypothèse, de beaucoup la plus probable. A ce titre, il est bon de les lire intégralement, vu les déductions que cet auteur en tire pour la confirmation des *aspirations* de Robespierre à la *dictature*. Ce sont là, au reste, des citations textuelles des *Mémoires inédits* de Baudot.

« D'après l'autre récit où il se met lui-même à découvert (son nom ayant été mis en avant par Saint-Just), il faut supposer que l'impatience du pouvoir suprême lui ôta la prudence et la circonspection. Rien ne s'oppose à cette version, si l'on réfléchit que le but se trouvant si près de lui, il y courut avec une impétuosité aveugle, par l'habitude d'être obéi, et parce que sa domination lui parut toujours être le salut et la nécessité de la chose publique...

« Sa dictature avortée ne laissait plus de scrupule. Aussi les poignards, dont la postérité a ri, étaient plus près de lui qu'il ne pensait lui-même... Un groupe de ses collègues s'apprêtaient à le frapper à son banc dès qu'il y paraîtrait ; sa vie fut prolongée par son absence. Thirion avait conçu cette entreprise ; il avait avec lui onze conjurés, le douzième, Lecointre de Versailles, refusa (3). »

Débarrassés maintenant des divers incidents qui favorisaient la dictature de Robespierre, et la lui rendirent impossible, revenons à la

---

(1) L'historien continue son récit, montrant Robespierre, enhardi par l'appui qu'il trouve dans Saint-Just, et devenant « arrogant et fort de la faiblesse de ceux qu'il accuse des maux de la République ». Lorsque le jeune tribun eut jeté le nom de Robespierre comme capable de réaliser la dictature, celui-ci feignit la surprise ; puis après quelques instants pour se remettre, il répliqua froidement : « Je n'avais jamais songé à cette suprême magistrature ; puisque le nom est prononcé j'en accepte la responsabilité ; si je succombe je saurai boire la ciguë. » Les membres du Comité protestent. La dictature est mise aux voix ; seuls Robespierre, Saint-Just, Couthon, David et Lebas l'adoptent ; tous les autres s'y opposent (*La Révolution*, t. II, pp. 198-199 et 201-202).

(2) Que deviennent alors les récits qu'on trouve à peu près dans tous les historiens, et dont nous avons l'abrégé dans la note ci-dessus ?

(3) A partir de ce moment Robespierre eut ses affidés, que les historiens ont appelé « ses gardes du corps » ; rarement il sortait sans en être accompagné, surtout le soir. On sait qu'une des idées fixes de ce tyran était de voir partout des traîtres, de soupçonner partout des complots, tout comme Marat.

séance et aux rapports qui servirent à faire découvrir ses relations avec les illuminés au point de vue du but qu'il poursuivait. On a déjà vu comment la plupart des auteurs ont traité et les rapporteurs et les conventionnels appelés, les uns à faire connaître, les autres à apprécier les graves accusations suspendues sur la tête de Robespierre. Son grand panégyriste, M. Ernest Hamel, avant même d'avoir publié ses trois volumes d'éloges, résuma pour la *Biographie universelle* le plaidoyer relatif à cette affaire. « Tous les moyens, dit-il, leur semblaient bon pour *déconsidérer* Robespierre ; et l'on vit le vieux Vadier chercher à le couvrir de ridicule dans son rapport sur l'affaire de Catherine Théot et de l'ex-constituant dom Gerle, qu'il avait entrepris de soustraire à un décret d'accusation (1). » Avec divers historiens, celui-ci prétend que les pièces les plus importantes, à l'aide desquelles le perfide conventionnel, Courtois, avait étagé son rapport accusateur, ont été « interpolées ou falsifiées ».

Il est regrettable qu'on n'ait jamais donné des explications plus précises sur ce point capital. Pièces « interpolées ou falsifiées », dit-on ? Mais tout à l'heure nous allons entendre le récit du commissaire de la *Sûreté générale* qui fut chargé d'arrêter Catherine Théot et les illuminés trouvés dans son petit oratoire. Or, Sénart, en relatant dans ses *Révélations* (2) « le détail exact de tout ce qu'il a fait, vu, lu et écrit lui-même », affirme que Vadier en accusant Robespierre « n'a pas osé dire toute la vérité, que son rapport est insuffisant.... que la rapsodie de Vilate, sur cette affaire, n'a encore rien expliqué. » Et précisant les faits, tels qu'on les lira plus loin, il conclut : « L'on conçoit aisément l'affiliation de Robespierre qui, comme premier prophète devait sans doute occuper le fauteuil vacant à droite de la *Mère de Dieu !* Pourquoi sa fête à l'Etre-Suprême et son système à cet égard (3). » Aussi Michelet a-t-il pu écrire cette phrase qui

(1) Cf. Michaud, *Biographie universelle, ancienne et moderne*, t. xxxv, verbo Robespierre ; nouvelle édition, Paris, Madame Desplaces.
(2) *Révélations puisées dans les cartons des Comités de salut public et de sûreté générale, ou Mémoires inédits de Sénart*, agent du Gouvernement révolutionnaire, publiés par Alexis Duménil, in-8° de la *Collection des Mémoires sur la Révolution* ; Paris, 1824. — Nous maintenons l'orthographe *Sénart*, alors que L. Blanc prétend qu'il faut lire *Sénar* ; mais telle nous la trouvons dans le volume susdit. Quant à la valeur historique de ses écrits, nous en avons déjà dit un mot, et aurons occasion d'en parler encore. Louis Blanc et Michelet, qui en usent chaque fois que ses récits vont à leur opinion, ne lui ménagent pas les insultes, quand ils le trouvent dans toute autre voie que celles qu'ils suivent eux-mêmes. Ainsi, pour Michelet, ce commissaire « est un coquin devenu à moitié fou » (Tome v, p. 397), dont il invoque cependant maintes fois les témoignages. Louis Blanc n'est guère plus tendre, ni plus délicat aussi pour le citer.
(3) Le récit détaillé de cette relation, qu'on va lire plus loin, expliquera cette appellation de la prophétesse et la raison du « fauteuil vacant ».

révolte Louis Blanc : « Robespierre faisait ainsi servir le *mysticisme du temps à ses vues d'ambition* (1). »

Loin de protester contre l'authenticité des documents sous lesquels ses adversaires l'accablaient, l'accusé posa des actes qui le condamnaient manifestement. Ainsi, dès le jour où la question « du complot et des relations suspectes » fut soulevée, il cessa de paraître au Comité de salut public, dont il était président. Sans doute il chercha bien plus tard à justifier cette retraite (car il n'avait pas fait sa démission) en parlant de discordes, de déchirements intérieurs, dont nous avons donné un aperçu dans la relation de la séance du 22 prairial (2). Néanmoins quand les circonstances l'amèneront à faire entendre sa défense et à se justifier, il aura plus d'une allusion à ce chef d'accusation. Mieux encore, lorsque non content du rapport communiqué au Comité de salut public, l'accusateur porta l'affirmation en plein tribunal révolutionnaire, « irrité de l'éclat, le *Messie* (Robespierre) fit une chose audacieuse : *il ordonna à Fouquier-Tinville de ne pas juger l'affaire, et lui prit les pièces et les garda.* » Ces actes, qualifiés simplement « d'audacieux », sont rapportés par la plupart des historiens qui, ci-avant, traitaient l'accusation de *ridicule*, l'affaire de *dérisoire souvenir*, et les pièces comme *interpolées et falsifiées*. Il est vrai que quelques auteurs, comme L. Blanc, se trouvant gênés par la conduite de Robespierre *défendant* au juge de porter l'affaire au tribunal et *faisant disparaître* les pièces d'accusation, représentent Fouquier « déconcerté dans ses antipathies », allant rendre compte au Comité de sûreté générale en des termes « qui rentraient dans le système de calomnie employée contre Robespierre par ses ennemis (3). » Mais, que vaut pareille explication devant le fait d'un accusé puissant, maître de l'Assemblée, qui défend au juge officiel de présenter l'affaire au tribunal et s'empare lui-même des pièces accusatrices ! Il ne s'agit pas, comme le fait le panégyriste, de représenter Fouquier disant astucieusement au Comité : « *Il, il, il* s'y oppose. — C'est-à-dire Robespierre », répliqua un des membres, Amar ou Vadier. Il ne s'agit pas de faire ressortir les moyens employés par Fouquier pour irriter les adversaires ; car, là où L. Blanc cherche à montrer l'hostilité, Michelet, lui, y trouve de quoi accabler le dictateur. « Ce jour là, dit cet historien, le grand mot *je veux* était rétabli, et *la monarchie existait* (4). »

Ces auteurs, ceux mêmes qui lui sont le plus dévoués, sont obligés de

(1) Cité par L. Blanc, t. III, p. 25, comme extrait du livre xx, ch. 2, de Michelet.
(2) Ci-dessus p. 12, d'après la relation faite par L. Blanc lui-même, t. II, p. 752.
(3) L. Blanc, *Hist. de la Révolution*, t. III, p. 21.
(4) Cité par L. Blanc, t. III, p. 26.

reconnaître aussi que Robespierre eut de grands ménagements pour l'ex-chartreux dom Gerle, qui faisait partie de « la secte mystique » ; nous verrons comment il essaya de le sauver par un « certificat de civisme ». Enfin, témoignages accablants, il y a les écrits trouvés par le délégué de la Sûreté générale, dans la paillasse de Catherine Théot, et que son rapport nous fera connaître ; il y a également les papiers saisis chez Robespierre même. Il est vrai, qu'au sujet de ces derniers, L. Blanc accuse Courtois de ne s'être pas fait scrupule « de dérober au Parlement et à l'histoire ceux des papiers qu'il jugea convenable de laisser dans l'ombre (1) », et que d'autre part il avait falsifiés ceux qu'il ne fit pas disparaître. La preuve de tout ceci où est-elle ? Et on est d'autant plus en droit d'insister sur ce point, que lorsque tels écrits de la collection Courtois, comme de celles de Vadier ou Sénart, sont favorables à Robespierre, son admirateur L. Blanc et ceux de son école, ne se font pas faute de les faire valoir. Quant au brouillon de lettre adressé à Robespierre et trouvé dans le lit de Catherine, ce même historien en nie l'authenticité. Il le fallait bien, car les titres de « Fils de l'Être-Suprême », de « Verbe éternel », de « Rédempteur du genre humain », de « Messie désigné par les Prophètes », étaient trop compromettants pour son héros (2). Et du reste, apportant en ceci le témoignage de Vilate (qui leur est si souvent suspect) « la vieille béate ne savait pas même signer son nom (3), » dit-il. Mais était-il nécessaire que cette pièce fût écrite de la main de cette visionnaire ? N'avait-elle pas des correspondants au dehors ? etc... C'est donc gratuitement qu'après avoir nié soit l'existence, soit l'authenticité de cet écrit, L. Blanc, accuse les agents de la Sûreté « de l'avoir glissée eux-mêmes dans le lit » de la visionnaire. Au reste, Michelet tranche autrement la difficulté. Il dit : « Était-ce réellement la minute d'une lettre qui fut envoyée ? Ou bien faut-il croire que ceux qui, pour servir Robespierre, attribuèrent un faux à Fabre d'Églantine, ont pu, pour perdre Robespierre, faire aussi un faux ? Les deux suppositions ont une telle égalité de vraisemblance qu'on ne peut, je crois, décider (4). »

Quoi qu'il en soit, ces écrits, le délégué du Comité de Salut public allait les dénoncer du haut de la tribune de la Convention dans la grande séance du 9 thermidor. Poussé alors jusque dans ses derniers retranchements, Robespierre avait à subir l'assaut de ses plus formidables adver-

(1) L. Blanc, *Hist. de la Révolution*, t. III, p. 22, note II.
(2) *Id. Ibid.*, t. III, p. 20.
(3) Vilate, *Les Mystères de la Mère de Dieu dévoilés*, ch. IV, p. 309. Cité par L. Blanc, t. III, p. 20.
(4) *Hist. de la Révolution*, t. V, p. 397.

saires et cherchait à les confondre, tandis que le tumulte étouffait sa voix. Tallien, un poignard à la main, venait dire : « J'ai vu hier la séance des Jacobins ; j'ai vu se former l'armée du nouveau Cromwel, et je me suis armé d'un poignard pour lui percer le sein, si la Convention n'avait pas le courage de le décréter d'accusation. » L'arrestation décrétée, et le président du tribunal révolutionnaire, Dumas, arrêté sur le champ, Vadier avait dévoilé « le complot » tramé dans les réunions des « mystiques illuminés ». Robespierre veut répondre, tandis que Tallien, pressé de le faire incarcérer, arrête le débat en s'écriant : « Ne détournons pas la question de son objet. — Je saurai l'y ramener, » réplique Robespierre. Mais l'accusateur Vadier, sans lui donner le temps d'escalader la tribune : « Si ce tyran, dit-il, s'adresse particulièrement à moi, c'est parce que j'ai fait, sur le *fanatisme*, un rapport qui ne lui a pas plu ; en voici la raison : Il y avait sous les matelas de la Mère de Dieu, une lettre adressée à Robespierre ; cette lettre lui annonçait que sa mission était prédite par Ézéchiel et que c'était à lui qu'on devait le *rétablissement de la religion* (1). »

Grand sujet de peur pour les Dantonistes ; mais accusation écrasante pour l'inculpé. Et cette accusation datait (nous l'avons observé) depuis le jour où le rapport communiqué à la Sûreté générale, Robespierre avait cru habile de se retirer du Comité de salut public. Aussi, dans les dernières apparitions qu'il fit à la Convention, essaya-t-il de se ressaisir. Dans ses harangues, il passera tour à tour de la défensive à l'offensive sur la généralité des attaques auxquelles il était en butte. Entre autres, la veille du jour qui lui fut fatal (8 thermidor), il débute à cette tribune par un long et habile plaidoyer contre l'accusation d'aspirer à la tyrannie ; et parmi ses arguments, il exploita surtout ceux qui touchaient à la religion, à la vertu, etc... « La fureur de mes ennemis redouble, dit-il, depuis la fête de l'Être suprême, que ne peuvent me pardonner les apôtres de l'athéisme et de l'immoralité. » — Et il se plaint d'avoir été insulté pendant la fête même par les Représentants du peuple. Il se plaint également du système que suivent ses ennemis pour le rendre responsable, lui seul, « de tout ce qui se fait de rigoureux et même d'inique. »

« La force de la calomnie, ajoutait-il, l'impuissance de faire le bien et d'arrêter le mal m'a forcé d'abandonner absolument mes fonctions du Comité de

---

(1) Sur toute cette séance, et sur les révélations du rapporteur, cf. *Hist. parlementaire* de Buchez et Roux ; et Vadier, *Rapport sur la conspiration de Catherine Théot*, publié dans les *Mémoires relatifs à la Révolution*. Les points les plus saillants sont rapportés aussi par la plupart des historiens.

salut public (1). Voilà six semaines que ma prétendue dictature est expirée et que je n'ai aucune espèce d'influence sur le gouvernement. — La patrie a-t-elle été plus heureuse ? Je le souhaite. — Dans quelles mains sont aujourd'hui les armées, les finances, les administrations de la République ? Dans les mains de la coalition qui me poursuit. — Ce n'est pas assez pour eux d'avoir éloigné un surveillant incommode ; ils méditent de lui arracher le droit de défendre le peuple avec sa vie. — Il la leur abandonnerait sans regret !... La mort n'est pas, comme on l'a dit, *un sommeil éternel* ! Effacez du tombeau cette maxime gravée par des mains sacrilèges (2), cette maxime qui décourage l'innocence opprimée et qui insulte à la mort. Gravez-y plutôt celle-ci : *La mort est le commencement de l'immortalité*. »

On avouera que ces hautes idées religieuses, introduites d'une façon inattendue et brusque dans une discussion politique, tout en affirmant une fois de plus le spiritualisme de Robespierre, ne pouvaient qu'étonner son auditoire et confirmer de plus en plus les adversaires dans l'accusation de mysticisme, qui le rapprochait de la secte des illuminés. Et, tandis que pour toute réponse au rapport transmis par Vadier au Comité de salut public il s'était contenté (nous l'avons vu plus haut) de le traiter de « farce ridicule, » il jugea nécessaire de détruire l'impression que chacun ressentait maintenant au sujet du complot politico-religieux, si formellement exposé. Dénonçant alors, avec une funèbre éloquence, les hommes acharnés à sa perte, il leur fit entendre ces dures vérités :

« Quand les victimes de leur perversité se plaignent, ils s'excusent en leur disant : *C'est Robespierre qui le veut* ; nous ne pouvons pas nous en dispenser. Jusqu'à quand l'honneur des citoyens et la liberté de la Convention seront-ils à la merci de ces hommes-là ?... En développant cette accusation de dictature mise à l'ordre du jour par les tyrans, on s'est attaché à me charger de toutes leurs iniquités, de tous les torts de la fortune ou de toutes les rigueurs commandées par le salut de la patrie. On disait aux nobles : *C'est lui seul qui vous a proscrits* ; on disait aux patriotes : *Il veut sauver les nobles*. On disait aux prêtres : *C'est lui seul qui vous poursuit ; sans lui vous seriez paisibles et triomphants*. On disait aux fanatiques : *C'est lui qui détruit la religion*. On disait aux patriotes persécutés : *C'est lui qui l'a ordonné, ou qui ne veut pas l'empêcher*. On me renvoyait toutes les plaintes dont je ne pouvais faire cesser les causes, en disant : *Votre sort dépend de lui seul*. Des hommes apostés dans les lieux publics propageaient chaque jour ce système ; il y en avait dans le lieu des séances du tribunal révolutionnaire, dans les lieux où les ennemis de la patrie expient leurs forfaits ; ils disaient : *Voilà des malheureux condamnés, qui est-ce qui en est la cause ? Robespierre*. On s'est attaché particulièrement à prouver que le tribunal révolutionnaire était un tribunal de sang créé par moi seul, et que je maîtrisais absolument pour faire égorger tous les gens de bien et même tous les fripons, car on voulait me susciter des ennemis de tous genres... Tous les fripons m'outragent ; les actions les plus indifférentes et

(1) Voir dans H. Taine (*La Révolution*, t. III, p. 219-220) les appréciations sur ces allégations hypocrites et mensongères.
(2) Voir ci-dessus, p. 23, au sujet de l'emploi de cette désolante doctrine et de son auteur.

les plus légitimes sont pour moi des crimes ; il suffit de me connaître pour être calomnié ; on pardonne aux autres leurs forfaits ; on me fait un crime de mon amour pour la patrie. Otez-moi ma conscience, et je suis le plus malheureux des hommes. »

Était-ce aberration, sincérité, duplicité qui poussait ce tyran à parler de « conscience, » à ne vouloir invoquer que ce témoignage ? Nous ne nous chargeons pas plus d'élucider ce doute que d'expliquer le sentiment qui, dans la séance du 20 mars 1792, lui avait fait dire aux Jacobins : « Comment aurais-je pu soutenir des travaux au-dessus de force humaine, si je n'avais point élevé mon âme à Dieu (1) ? » Il s'agissait alors, par ses principes sur l'égalitarisme, d'atteindre la dignité humaine dans sa racine, d'abaisser la nation pour se tailler un piédestal sur les ruines et les cadavres ! Nul moyen plus sûr que de transformer Dieu lui-même en misérable complice de son système, en attendant de l'associer, sous le pseudonyme d'Être suprême, à la boucherie humaine, avec le rôle de *valet du bourreau*. Se servir ainsi de Dieu était plus criminel que de le blasphémer et nier son existence.

Quand, après ses objurgations à l'adresse de ses accusateurs, Robespierre prononça le fameux : « Otez-moi ma conscience ! » il sentait tout le poids de l'accusation et ne pouvait se dissimuler le complot ourdi contre lui, pas plus que la catastrophe qui le menaçait. A la question politique était mêlée la question religieuse qu'il avait si habilement exploitée et qui lui devenait funeste. Il avait, au reste, des exemples tout récents sous les yeux. Le 20 messidor, dix jours avant ce dernier assaut qu'il soutenait à la tribune de la Convention, seize carmélites de Compiègne, traduites, de par le Comité de salut public, devant le tribunal révolutionnaire, étaient accusées, entre autres crimes, « d'être en correspondance avec cette trop fameuse sectaire Théos, qui se faisait appeler *Mère de Dieu* (2). » Cette même accusation pesait sur sa tête. Et pour ce motif, ces saintes victimes de la persécution jacobine portèrent

(1) Cf. Hamel, *Hist. de Robespierre*, t. III, p. 163.
(2) Abbé Aimé Guillon, *Les Martyrs de la foi*, t. I, p. 231, note 1. — D'après le procès-verbal d'emprisonnement ces religieuses étaient accusées en outre « d'assemblées nocturnes, » qui n'étaient autres que la récitation du saint Office ; « de recel des manteaux de la Couronne, » c'est ainsi qu'on qualifiait les ornements dont on revêtait les rois Mages dans la représentation de la crèche, aux fêtes de Noël et de l'Epiphanie ; « d'exposer le Saint-Sacrement sous un pavillon ayant la forme d'un manteau royal, etc., etc. » Ces martyres de la Révolution étaient les sœurs : Lidoine, prieure, sous le nom religieux de Thérèse de Saint-Augustin ; Brard, Brideau, Crétien, Croisy, Dufour, Hanisset, Meunier, Piedecourt, Pelleras, Roussel, L. Soiron, Th. Soiron, Thouret, Treselle et Verolot. On trouve leur biographie et le récit de leur jugement et de leur martyre dans l'ouvrage ci-dessus mentionné.

ce jour même (17 juillet) leur tête sur l'échafaud. Avec sang-froid chacune des accusées, après leur Supérieure, avait répondu à ces ridicules inculpations ; et leur parole valait certes beaucoup plus que celle de Robespierre. Mais elles avaient trempé dans le complot imaginaire de la secte des Illuminés ; c'était assez. Ce fut assez aussi pour le tyran ; il ne se lava pas plus de cette accusation que des autres griefs exploités contre lui. Aussi la peine capitale que les héroïnes du Carmel avaient subie sur la place du Trône, lui la subissait dix jours après sur la place de la Révolution, où l'échafaud se trouva dressé exceptionnellement, car on l'en avait banni depuis quelque temps.

***

Quelle était donc la « secte mystique » impliquée, à tort ou à raison, dans le procès de ces diverses victimes ; quelles relations put bien avoir Robespierre avec ces illuminés ? Voilà ce qui nous reste à dire.

Nous avons entendu déjà l'appréciation de bon nombre d'historiens sur ces deux points. Selon le parti pris ou le point de vue auquel ils se sont placés pour étudier le sanguinaire héros de la Révolution, les uns l'ont représenté comme un pur déiste, sans souci aucun de religion pratique et de favoritisme à l'égard d'un culte quelconque ; les autres l'ont accusé d'avoir été, tour à tour, trop favorable et trop hostile à la religion catholique et à ses ministres. Presque tous se sont ri de ce qu'on voulût en faire un superstitieux, un affilié à l'illuminisme de son temps, et qu'il ait vu dans ce parti occulte une force pour sa politique (1). Ces derniers (nous l'avons dit) sont obligés alors de contester la valeur, l'authenticité des pièces sur lesquelles on s'appuya en pleine Convention pour accuser Robespierre de complot avec les illuminés. Quant à ceux qui signalent le fait, ils y touchent assez légèrement, et s'ils n'osent pas traiter cette imputation de « fable ridicule », ils s'en tiennent à une brève exposition.

Cependant, croyons-nous, il y a à tenir compte des rapports et des récits contemporains sur cette affaire. Tout en admettant que des adversaires intéressés, comme Vadier et Courtois, aient exagéré les preuves, on ne saurait croire qu'ils les aient inventées de toutes pièces. Si Robespierre, au sein de la Convention tout comme dans le Comité de Salut public, avait de terribles ennemis, il y comptait aussi de nombreux alliés,

---

(1) M. Anatole de Gallier lui-même, tout en disant que l'on s'est trompé ou qu'on a fait œuvre de haine en insinuant qu'il y avait quelque rapport entre les idées creuses de Robespierre et les rêveries mystiques de D. Gerle et de Catherine Théot (op. cit., p. 143), admet cependant (ib., p. 171) qu'autour de ce « mystagogue se pressait un essaim de femmes illuminées et fanatiques, que le peuple, par dérision, appelle les *jupons gras*. »

de puissants partisans. Sans l'indescriptible affolement de la séance où il fut arrêté, il serait sorti triomphant et plus fort que jamais. Alors la dictature était faite. C'est bien ce que comprirent Tallien et ceux qui le secondèrent en cette terrible journée de Thermidor. A ce moment encore, et même détenu à l'Hôtel de Ville, il avait un tel ascendant sur la foule qu'on vit le moment où la Convention allait rapporter le décret. Pour détruire l'effet de cet ascendant moral, les thermidoriens, on le sait, furent obligés de recourir à un mensonge : ils firent courir le bruit que Robespierre venait d'être convaincu de conspirer pour les Bourbons, qu'on avait trouvé chez lui « un cachet à fleur de lys » et « dans ses poches des pistolets royalistes marqués aussi de trois fleurs de lys (1). » Si donc, malgré cette influence, alors qu'il était incarcéré ; si dans cette lutte gigantesque entre les divers partis, nul des siens ne songea à protester contre de tels griefs d'accusation, et en particulier contre le complot « avec les mystiques », dans lequel trempait précisément la duchesse de Bourbon, c'est qu'on le sentait vulnérable sur ce point. Pour aussi mensongère que fût la découverte du fameux « cachet à fleurs royalistes », cette manœuvre de la dernière heure réveillait les imputations passées et confirmait l'existence d'écrits compromettants.

Traiter donc de *fable*, de *dérisoire*, de *ridicule* l'accusation qu'on fit peser publiquement sur le vaincu du 9 thermidor, sur celui qui « hier dictateur, pape et dieu, roulait aujourd'hui au ruisseau (2) », n'est ni une solution, ni une opinion sérieuse. Il est des écrits contemporains et des témoins dont on ne saurait récuser ni la véracité, ni l'autorité. Avant d'apporter des témoignages officiels, voici non seulement l'appréciation du fait, mais son récit en abrégé, par un auteur dont on ne peut nier la sincérité, et qui, ayant vécu en pleine Révolution, rentré de l'exil en 1814, écrivit au jour le jour ce qu'il avait vu ou appris de témoins véridiques (3). Cet historien, contemporain de Robespierre, est l'abbé Guillon, auquel nous avons déjà fait divers emprunts. L'affaire de la « petite secte

---

(1) Michelet, *Hist. de la Révolution*, t. v, p. 495 ; d'après le rapport de Barrère.
(2) Id. *ibid.*, t. v, p. 403.
(3) Dans la *Préface* à cet ouvrage (*Les martyrs de la foi*), l'éditeur nous dit que malgré les obstacles de toute sorte qui entravèrent et firent même disparaître plusieurs documents, l'auteur put providentiellement retrouver la plupart des notes qui avaient été saisies et gardées pendant quatorze ans par les agents de la police. Cinq ans durant il travailla à reconstituer son travail. Fait avec sincérité, contrôlé avec le plus grand scrupule et toute la conscience d'un prêtre, cet ouvrage après vingt ans d'attente parut en 1821. Beaucoup de survivants de la Révolution purent donc vérifier les faits et les témoignages ; l'auteur les en suppliait même, et on ne sache pas que ses récits aient jamais été contredits (*Préface*, pp. xxxviii et xxxix).

d'illuminés » a trouvé place dans son ouvrage ; et, avant de citer les pièces originales puisées par lui dans des manuscrits que chacun pouvait contrôler, il raconte ainsi le fait touchant Robespierre.

« En ce temps d'horrible vertige, où les malheurs comme les désordres publics disposoient certains esprits à cette crédulité superstitieuse aux mains de laquelle la politique pouvoit mettre aisément des poignards, un grand moyen s'offroit à lui naturellement dans cette association d'*illuminés* dont la vieille Catherine Théo, surnommée *mère de Dieu*, étoit le centre et se croyoit l'oracle. Il paroîtroit que Robespierre voulut se faire une armée secrète de cette association, dans laquelle la soi-disant *mère de Dieu* l'auroit nommé *in-petto*, son premier prophète, sans qu'il y parût jamais en personne : l'ex-chartreux dom Gerles, qu'il protégeoit réellement d'une manière spéciale n'en étoit que le second prophète ; mais quelques semaines après la fête de l'*Être suprême*, le comité de *sûreté générale* lui enleva cette puissante ressource, en faisant arrêter au milieu de ses mystérieuses cérémonies d'affiliation, cette Catherine Théo, avec les assistans ; et Vadier vint, au nom de ce Comité, dénoncer à la Convention cette espèce de confrérie, comme une association de conspirateurs, en s'abstenant toutefois de dire tout ce qu'il avoit entrevu de leur connivence avec Robespierre ; et celui-ci profita de cette réserve pour faire tourner la dénonciation en ridicule (1). »

Pour ce contemporain, écrivant et publiant son récit pour ceux de son époque, le fait en lui-même ne fait pas de doute. Aussi n'est-on pas étonné de lire dans l'œuvre de Michelet (antipode de l'abbé Guillon), des phrases comme celle-ci sur ce même sujet : « Son attache aux illuminés faisait si peu de doute, que Payan, le successeur mis par Robespierre à la place de Chaumette, l'engage à abandonner ces *voies tortueuses*... et lui écrit pour lui représenter le mal immense que lui faisait l'affaire de la Mère de Dieu, qu'il ne pouvait se taire... Robespierre ne fit aucune attention à cette lettre (2). » C'est ici plus qu'une appréciation ; ce sont des faits et relevés par des auteurs non suspects en pareille matière.

Que si l'inculpé fit « tourner la dénonciation en ridicule », comme l'écrit l'abbé Guillon, c'est qu'il se sentait fort parce que les accusateurs « n'osaient pas dire toute la vérité » et aller jusqu'au bout en cette affaire. Et c'est là précisément ce qu'affirme le secrétaire rédacteur du Comité de la sûreté générale dans le rapport dont il fut chargé. Ce rapporteur, l'avocat Sénart, a raconté dans ses *Mémoires* ce qu'il fit, ce qu'il entendit et ce qu'il découvrit en arrêtant Catherine Théot et ses adeptes assemblés dans son domicile. Pour aboutir à ses fins, il joua le rôle non de policier, mais de solliciteur d'affiliation ; aussi put-il sûrement surprendre tous les secrets et servir ainsi le Comité qui l'avait envoyé pour connaître de cette assemblée. Les détails de cette scène aussi curieux que précis furent entre les mains de l'abbé Guillon, alors qu'ils n'étaient

(1) *Les Martyrs de la foi*, t. 1, p. 210.
(2) Michelet, *Hist. de la Révolution*, t. v, pp. 107, 108.

encore qu'à l'état de manuscrits (1) ; depuis lors ils ont été publiés (2), mais vu leur rareté ils sont ignorés du plus grand nombre. Aussi les passages que nous avons à en reproduire, auront autant de saveur et d'intérêt que s'ils étaient inédits ; jusqu'ici ils n'ont guère été que cités par extraits ou même simplement analysés dans quelques rares ouvrages.

Tout un chapitre de ces *révélations* de police (le XV° intitulé : *De la Mère de Dieu*) est consacré à ce récit. Le voici intégralement, sans toutefois en adopter toutes les inductions, et en l'accompagnant de notes et éclaircissements, pour le mettre directement en rapport avec notre sujet (3).

« Le rapport qu'en a fait Vadier était gêné et insuffisant; la rapsodie de Vilate n'a encore rien expliq. (4) ; je puis en parler plus exactement que tout autre : c'est moi qui fus le rédacteur des procès-verbaux, des interrogatoires, et qui préparai l'analyse des pièces et le rapport : Vadier n'osa pas dire toute la vérité, et le Comité convint de supprimer beaucoup de faits, qu'il croyait alors indispensable de taire (5). Le détail que je vais donner sera d'autant plus exact qu'il ne comprendra que ce que j'ai fait, vu, lu ou écrit moi-même.

« Le Comité de sûreté générale instruit d'un rassemblement fanatique dans la section de l'*Observatoire*, chez une femme se disant la *Mère de Dieu*, m'ordonna de m'assurer de ce rassemblement, d'en rechercher toutes les causes et les effets. Je fus chargé de surveiller et de diriger les opérations et spéciale-

---

(1) *Préface* de l'éditeur, p. XXV, note.

(2) Personne ne connaissait mieux que Sénart la conduite et les intrigues de la plupart des conventionnels et des hommes de la Révolution. Policier par profession, fureteur par tempérament, il avait le flair des hommes et des choses. Aussi était-il délégué pour les besognes d'espionnage et de sûreté publique. De là il rapporta des monceaux de notes qu'il se proposait de publier, surtout à partir du jour où il rompit avec ses anciens amis. Un gros volume était prêt ; mais pour le livrer à l'impression il le réduisit de moitié et le publia sous le titre de *Révélations puisées dans les cartons du Comité de sûreté générale*. A sa mort, âgé de 36 ans, il laissa le *Grand livre des grands crimes*, qu'on n'a jamais retrouvé. Quant à ses *Révélations*, augmentées d'une partie des notes qu'il avait mises d'abord de côté, elles ont été publiées par Dumesnil dans la *Collection des Mémoires relatifs à la Révolution*, Paris, 1 vol. in-8°, 1824. Ces précieux Mémoires ont une vraie valeur, mais il faut néanmoins faire des réserves sur certains détails et épisodes.

(3) Nous puisons le texte dans la publication de ces *Mémoires* faite par A. Dumesnil, et observons que les longs extraits cités par l'abbé Guillon (t. I, p. 241 et suiv.) offrent certaines variantes portant surtout sur la forme ; le fond est identique. Il est probable que cette dernière version était celle que cet auteur puisa dans les manuscrits mêmes.

(4) Ci-avant nous avons donné les titres des travaux de ces deux conventionnels. Pour Vadier c'est le *Rapport sur la conspiration de Catherine Théot* ; pour Vilate : *Les mystères de la Mère de Dieu dévoilés*, Paris, 1793 ; publiés l'un et l'autre dans les *Mémoires relatifs à la Révolution*.

(5) Pour comprendre l'importance de cette déclaration, qu'on n'oublie pas, ce que nous avons déjà écrit plus avant, que Sénart ne publia ses *Mémoires*, qu'après la Révolution.

ment d'interroger et d'examiner les personnes qui fréquentaient cette réunion. On ordonna à quelques *porteurs d'ordres*, de m'assister : tel fut l'objet de ma mission.

« On me donna l'indicateur du rassemblement, qui m'introduisit sous prétexte de me faire recevoir comme *frère* dans la synagogue (affiliation).

« Je laissai dans les cafés et cabarets voisins les porteurs d'ordres, qui y étaient mieux qu'ailleurs par goût et par habitude.

« Nous convînmes ensemble, l'indicateur et moi, d'affecter l'air dévot et me dire de la campagne. Nous donnons ensuite le mot aux porteurs d'ordres. C'était rue Contrescarpe (1), près de l'Estrapade, section de l'Observatoire, à un troisième (2). L'indicateur sonna ; une femme parut ; ils s'entredonnèrent des signes sur le front, et le frère fut reconnu et elle dit : *Entrez, frères*. Nous entrâmes dans une espèce d'antichambre. Arriva un homme vêtu d'une robe blanche ; les signes recommencèrent, et l'on nous dit : *Frères et amis, asseyez-vous*. Mon conducteur fut introduit seul dans une pièce à côté, et revint peu après avec une femme qui me dit : *Venez, homme mortel, vers l'immortalité ; la Mère de Dieu vous permet d'entrer*. Je riais intérieurement de ces singeries, et je gardais extérieurement un sérieux d'admiration. Je fus introduit dans l'appartement de la Mère de Dieu : une femme arriva, et quoiqu'il fût huit heures et demie du matin, et que ce fût dans un appartement éclairé, elle alluma un réverbère à trois branches, plaça dessous une chaise, un fauteuil, et mit un livre sur ce fauteuil. On regarda à la pendule, et l'on dit : *L'heure s'avance, la Mère de Dieu va paraître pour recevoir ses enfants*. Survint un autre récipiendaire accompagné d'une femme, et qui avait un costume de *volontaire* (3). On mit une seconde chaise à côté du fauteuil et l'on nous fit asseoir. Arrive alors une autre femme que l'on désignait sous le nom d'*Éclaireuse* (4) ; elle nous dit : *Enfants de Dieu, préparez-vous à chanter la gloire de l'Être-Suprême* (5) ; *disposez les Cieux en face de nous* ; et aussitôt, au fond de la salle on découvre un fauteuil blanc élevé au-dessus de trois petits gradins ; à côté et à droite était un fauteuil bleu, sur un gradin, et à gauche un fauteuil cramoisi sur la même élévation. On sonna ; et alors sortit de dessous une alcôve fermée par deux rideaux blancs, une vieille femme soutenue sous les bras, dont les mains et la tête étaient dans un perpétuel mouvement. On la monta dans le grand fauteuil blanc ; on l'assit, et la Mère de Dieu étant assise, les deux femmes qui la conduisaient se mirent à genoux, baisèrent sa pantoufle, ses deux mains, et se relevèrent en disant : *Gloire à la Mère de Dieu*. On lui apporta une aiguière ; elle se lava les mains, et se les essuya avec un linge fort blanc. Puis, on lui donna pour déjeuner une tasse de café au lait, avec des tartines. Pendant le déjeuner qui fut assez court, vint une quantité de femmes, de filles, d'hommes de tout âge, qui se placèrent sur des sièges semblables à des chaises-longues, en formant plusieurs cercles, au milieu desquels je me trouvai.

« La Mère de Dieu demanda la piscine, et on lui lava le front, le nez, les yeux,

---

(1) Actuellement rue *Mouffetard*.
(2) Dans les divers récits on qualifie cet étage : *grenier* ou *galetas*.
(3) Soldat engagé de l'époque.
(4) Sur ce personnage et divers autres, dont il est question dans ce récit, on aura quelques explications au cours des notices que nous avons à donner.
(5) Qu'on remarque l'expression d'*Être-Suprême*, celle-là même adoptée et imposée par Robespierre dans la fameuse fête qu'il opposa à celle de la déesse Raison.

les oreilles le menton, les joues et les mains (1). Cela fait, elle dit : *Enfants de Dieu, votre mère est au milieu de vous ; je vais purifier les deux profanes.* Chacun prit place et vint s'agenouiller à son tour et baiser le front de la Mère de Dieu qui mettait la main sur la tête en disant : *Amis de mon fils, je vous chéris tous.*

« Pendant tout ce temps j'étais spectateur immobile. Survint Gerle, le chartreux, ex-constituant. Aussitôt qu'il parut chacun s'inclina (2), resta courbé durant quelques instants et l'on se releva.

« Gerle s'agenouilla, baisa la joue de la Mère de Dieu, qui lui dit, sans lui mettre la main sur la tête : *Prophète de Dieu, prenez séance.* Il s'assit dans le fauteuil cramoisi, à gauche de la Mère de Dieu, et dit en levant la main droite : *Amis de Dieu, réunissons-nous.*

« Une femme nommée Geoffroy remplissait le rôle d'*Éclaireuse* ; elle prit le livre posé sur le fauteuil, et se plaça dans le fauteuil au milieu de nous récipiendaires, près de Gerle. Plus bas sur un autre siège était une belle femme blonde que l'on nommait la *Chanteuse*, et de l'autre côté, près du fauteuil bleu et en face, une superbe femme brune, jeune, fraîche, désignée sous le nom de la *Colombe*. Gerle fit une une inclination à l'Éclaireuse ; celle-ci répondit par une autre et dit : *Frères et sœurs, assistez* ; et se retournant vers nous récipiendaires, elle ajouta : *Et vous, profanes, disposés-vous à la grâce de Dieu : levez la main droite, et répondez : Jurez-vous, promettez-vous de répandre jusqu'à la dernière goutte de votre sang, pour soutenir et défendre, soit l'arme à la main, soit par tous les genres de mort possibles, la cause et la gloire de l'Être-Suprême ?* — Je levai la main en disant : Oui, je le jure. — *Jurez-vous, promettez-vous obéissance et respect à la Mère de Dieu, ici présente ?* — Je le jure. — *Jurez-vous, promettez-vous soumission aux prophètes de Dieu et à leurs ministres ?* — Je le jure.

« Alors l'Éclaireuse ouvrit le livre et fit lecture de l'Apocalypse ; elle dit : *Les sept sceaux de Dieu sont mis sur l'Évangile de la vérité, cinq sont levés ; Dieu a promis de se révéler à notre mère, à la levée du sixième. Quand le septième se lèvera, prenez courage, en quelque lieu que vous soyez, quelque chose que vous voyiez, la terre sera purifiée, tous les mortels périront, mais les élus de la Mère de Dieu ne mourront pas, et ceux qui seront frappés d'un accident quelconque, ressusciteront pour ne jamais mourir. — Le premier sceau de l'Évangile fut l'annonce du Verbe ; le second fut la séparation de tous les cultes ; le troisième fut la révolution ; le quatrième, la mort des rois ; le cinquième, la réunion des peuples ; le sixième, le grand combat de l'ange exterminateur ; le septième sera la résurrection de tous les élus de la Mère de Dieu, au-dessus de tous les peuples de la terre, et le bonheur général surveillé par les prophètes et leurs ministres.*

« J'écoutais toutes ces rapsodies dont elle n'était que l'écho, et tout ce long bavardage. Gerle nous regardait, examinant notre maintien ; il nous demanda

---

(1) Les adeptes devaient baiser ces sept parties du corps ; nombre sept, symbole des sept dons du Saint-Esprit, des sept sceaux de l'Apocalypse, des sept sacrements de la Loi nouvelle, des sept allégresses et des sept douleurs de la sainte Vierge. Plus loin, on va voir encore l'explication des sept sceaux de l'Apocalypse ; et ainsi on retenait dans cette association ce chiffre biblique.

(2) On a vu ci-avant que cet ex-religieux était le « second prophète » de la visionnaire ; ainsi s'explique l'inclination que lui fit l'assemblée à son entrée. Qu'on remarque aussi que chacun « resta courbé durant quelques instants », usage importé certainement de chez les Chartreux.

nos noms, notre domicile, notre état ; nous fit promettre de les écrire et de les laisser avant de sortir.

« L'*Eclaireuse* nous lut l'Évangile de la messe de minuit, à Noël, et nous débita pour nous convaincre, un sermon contenant : que Dieu avait pour mère Catherine Théos ; que le Verbe de Dieu était son fils ; qu'elle répandait la parole de Dieu ; qu'elle avait des révélations de Dieu. Cela fini, Gerle leva les mains au ciel ; alors on nous conduisit à la Mère de Dieu ; et là, à genoux, sur un gradin, une femme me prit la tête ; la Mère de Dieu se baissa, Gerle me mit la main sur la tête ; et Catherine Théos me dit : *Mon fils, je vous reçois au nombre de mes élus ; vous serez immortel* ; puis elle me baisa le front, les oreilles, les joues, les yeux, le menton, et prononça les mots sacramentels : *La grâce est infuse* ; ensuite elle me passa sur les lèvres un morceau de langue dégoûtant, et Gerle prononça ces mots : *Diffusa est gratia in labiis tuis*. Je rendis à la Mère de Dieu tous les mêmes signes. Alors elle me dit : *Fils de Dieu, élu de la Mère de Dieu, tu as reçu les sept dons, tu es immortel*. Elle me fit avec le pouce un signe en forme d'équerre (1), une barre au-dessus des sourcils, une autre se relevant du côté droit et se réunissant en pointe à celle du côté gauche. Pareils signes sur le front pour les hommes, sur le cœur, pour les femmes, et du pied gauche, si l'on est examiné ou gêné, indiquaient les élus dans tous les coins de la terre (2).

« Il devait y avoir des soulèvements et des guerres ; les élus de la Mère de Dieu qui seraient morts ressusciteraient, pour ne plus jamais mourir.

« En affectant la croyance la plus humble, je demandai où serait alors la *Mère de Dieu* ? L'*Eclaireuse* me répondit qu'elle serait sur son trône dressé dans le panthéon (église de Sainte-Geneviève) ; qu'elle aurait auprès d'elle ses ministres et ses prophètes ; que du trône partirait l'envoi de ses ordres, et que là on devait venir se prosterner ; qu'il faudrait combattre ses ennemis et les profanes, en quelque lieu éloigné qu'on se trouvât, et qu'il fallait se réunir aux envoyés

(1) Il est pour le moins singulier, de trouver ici la trace d'un des emblèmes francs-maçonniques. Un des écrits saisis par Sénart dans cet asile des mystiques donne le signalement de l'équerre. Selon le commentaire qu'il en traduisit du latin c'était la figure de l'*égalité*. Remarque qui est à faire à ce sujet, c'est que l'oncle paternel de Robespierre, avocat à Arras, avait avec un de ses confrères travaillé puissamment à la création des loges maçonniques. Sous Voltaire et Diderot la grande loge de Paris, commençait déjà à s'appeler *Grand-Orient* ; et tous les philosophes encyclopédistes s'y cantonnèrent pour monter à l'assaut de l'Église. On sait que plusieurs princes du sang, le duc de Chartres et celui d'Orléans, y furent habilement introduits comme grands maîtres. Et lorsque ce dernier renia la franc-maçonnerie, un regard de Robespierre, son collègue à l'Assemblée et son F.'. en loge, lui fit comprendre ce qui l'attendait. Le prince était perdu : le 6 novembre 1793 il monta à l'échafaud. Maximilien Robespierre, qui avait hérité de son oncle le secret et le pouvoir dans l'ordre maçonnique finit de la même manière, après avoir tout dirigé par « des ressorts incompris », dit M. l'abbé Migne dans son *Dictionnaire des sciences occultes*, t. 1, col. 667. Parmi ces *ressorts incompris* ne peut-on pas compter les menées de Catherine Théos et sa secte ?

(2) Cette fin de phrase et le petit alinéa qui suit sont peu compréhensibles. Le texte donné par l'abbé Guillon, paraît rétablir le vrai sens que voici : « Ce signe se faisait sur le cœur, aux femmes. Dans les instructions qui m'étaient données, on m'annonçait que dans tous les coins de la terre, il devoit y avoir des soulèvements, des guerres ; que les élus de la *Mère de Dieu* qui y mouroient, devoient ressusciter pour ne plus mourir. » (T. 1, p. 213).

de la *Mère de Dieu*. Je me plaçai au milieu des frères; et l'autre récipiendaire fut reçu de la même manière. Nos sièges furent ôtés, je reçus le baiser fraternel de tous les frères et sœurs, et la *Chanteuse* entonna des cantiques avec la *Colombe*, que chacun répétait. Je ne me rappelle que les vers suivants:

Air : *Charmante Gabrielle.*

Au seul Être-Suprême	Marchons, frappons sans grâce
Elevons tous nos cœurs,	Tout profane insolent ;
Pour qu'il daigne lui-même	Quiconque avec audace
Dissiper nos malheurs.	Serait récalcitrant.
Pour son nom, pour sa gloire	Mère de Dieu puissante
Formons des vœux ;	Soutenez-nous ;
Aux champs de la victoire	Phalange combattante
Courons heureux.	Entendons-nous.

En Chœur :

Tous élus, tous amis, tous frères,
Choisis par la Mère de Dieu,
Restons amis, constants, sincères,
En tous pays, comme en tout lieu.

« Alors arriva une sœur qui annonça à l'assemblée que, dans les cabarets voisins, il y avait des gens armés qui buvaient à la santé de la *Mère de Dieu* ; qu'une forte patrouille était placée au fond d'une ruelle, près de la maison, et une autre en station dans le bas de la rue ; que l'on avait remarqué un homme en observation chez la portière. Gerle s'écria : *Nous sommes trahis !* J'ouvris une fenêtre, je donnai le signal, et à l'instant accoururent tous les observateurs et la force armée. Dans l'intervalle, je vis le moment où j'allais être poignardé à coup de couteau, mais une femme me garantit, en se mettant devant moi, et s'écriant : *Ne tuons personne, expliquons-nous.* La porte fut enfoncée et l'attroupement saisi. J'interrogeai à part chacun de ceux qui le composaient ; la vieille me dit que son nom était Théot; son véritable nom était *Théot* ; ses disciples en avaient fait *Théos*(1). Elle soutint qu'elle était la Mère de Dieu ; que Gerle était son second prophète ; qu'elle avait des révélations de Dieu : elle disait avoir passé au travers des murs de la Bastille, et des portes de la Salpêtrière (2) ; qu'elle devait régner sur toute la terre ; que son trône serait le Panthéon, qu'elle frapperait de mort ses ennemis ; que ses élus ne mourraient point, ou que s'ils étaient atteints dans le combat pour elle, ils ressusciteraient pour ne jamais mourir; qu'elle allait purifier la terre par le fer et le feu : que le second déluge qui surviendrait bientôt serait un déluge de sang ; que tout profane, soit roi, soit prince, soit sujet, que la Convention elle-même serait purifiée et que tout serait soumis à elle. Je l'arrêtai, elle, l'Eclaireuse, la Colombe, la Chanteuse, le Frère servant et celle qui faisait les préparatifs ; je laissai la liberté aux autres. Ensuite je cherchai les papiers ; il n'y en avait pas : je ne trouvai qu'une certaine lettre écrite à Robespierre au nom de la Mère de Dieu, et dans laquelle elle l'appelait son « premier prophète, son ministre chéri », et le félicitait sur les honneurs qu'il rendait à l'Être-Suprême, son fils. »

(1) On trouve ce nom orthographié *Théot, Théo, Théos*, et même *Théos*. Il paraît que ces deux dernières formes lui furent données par ses partisans lettrés, qui trouvèrent là, le vrai moyen de la faire passer pour la *Mère de Dieu* ; le *théos* grec signifiant *divinité*. Ci-avant, p. 33, nous avons vu que L. Blanc attribue cette dernière forme à Barrère.

(2) Allusion à sa sortie de ces établissements où elle avait été internée, comme folle. Plus loin on aura sa biographie.

Avant d'aller plus loin dans cet étrange récit, que Sénart complète par le détail d'autres arrestations subséquentes et par l'explication des pièces qu'il découvrit dans ses diverses perquisitions, relevons certaines appréciations, tant sur les faits qu'on vient de lire, que sur le narrateur et les affiliés. Tout d'abord constatons la légèreté ou la mauvaise foi de Louis Blanc au sujet de la fameuse lettre trouvée dans la paillasse de la visionnaire (1). Pour prouver que cette accusation ne peut tenir debout, il met en note cette partie de phrase de Sénart : « Je cherchai des papiers, il n'y en avait pas. » Mais il a soin de supprimer la suite immédiate de cette phrase : « Je ne trouvai qu'*une certaine lettre* écrite à Robespierre au nom de la Mère de Dieu. » C'est justement cette lettre accusatrice qu'on voudrait faire disparaître, et au sujet de laquelle le même historien a déclaré que Catherine Théot « ne savait pas même signer son nom ». Voilà pourquoi Sénart a soin d'expliquer qu'elle était « écrite au nom de la Mère de Dieu ».

Quant aux appréciations sur l'ensemble de ce récit, voici les plus singulières. D'après Larousse « toutes ces farces mystiques cachaient, selon toute apparence, d'obscures intrigues cléricales et réactionnaires. » — On comprend pareille explication sous la plume de celui qui l'écrit gratuitement ; mais poursuivons. « La sottise humaine, ajoute-t-il, a des bornes, et combien, parmi les adeptes pouvaient prendre au sérieux Catherine Théot ? Cette vieille fille et deux ou trois illuminés étaient, peut-être, les seuls qui fussent de bonne foi. Il n'est pas supposable que Robespierre, cet homme d'esprit froid, ce métaphysicien congelé dans l'abstraction, ait pu le moins du monde donner dans les folies de l'*illuminisme* ; mais aux esprits défiants et soupçonneux comme le sien, tout moyen d'espionnage et de police est bon (2). » Cette dernière phrase, dérobée à Michelet, est à retenir. Celui-là nous montre Robespierre « furetant, saisissant dans les cartons du Comité des papiers relatifs à la duchesse de Bourbon et refusant de les rendre. Le Comité, qui s'en procura de doubles, vit que cette affaire, si chère à Robespierre, était une affaire d'illuminisme. Quel secret motif avait-il de couvrir les *illuminés*, d'empêcher qu'on ne donnât suite à l'affaire » (3) ? La réponse est aisée, quand on vient de dire qu'aux « esprits défiants et soupçonneux, tout moyen d'espionnage et de police est bon ». Il y avait plus pour Robespierre ; et c'est Michelet qui nous l'apprend.

(1) Voir ci-dessus, p. 37 ; et L. Blanc, *Histoire de la Révolution*, t. III, p. 20, notes 3 et 5.
(2) *Dictionnaire universel du* XIX* siècle*, verbo *Théot* (Catherine).
(3) *Hist. de la Révolution*, t. v, p. 395.

Cet homme, dit-il, « était parti d'Arras, des plus tristes précédents. Né dans une ville de prêtres, élevé par la protection des prêtres qui même, dès qu'il fut homme, le reprirent encore à eux et le firent juge d'Église... Toute la question était pour un homme qui tenait si peu compte du *philosophisme*, de savoir quel mysticisme il allait favoriser, celui du passé ou celui du présent... Le temps était au fanatisme... Une recrudescence s'en manifestait dans le grenier achalandé où se rendaient des royalistes, des magnétiseurs, des simples, des fripons, des sots. Jusqu'à quel point un homme aussi grave que Robespierre pouvait-il être mêlé à ces momeries ? On l'ignore. Seulement on savait que la vieille avait trois fauteuils : blanc, rouge et bleu ; elle siégeait sur le premier, son fils, dom Gerle, sur le second à gauche ; pour qui était l'autre, le fauteuil d'honneur à la droite de la Mère de Dieu ? N'était-il pas pour un fils aîné, le *Sauveur qui devait venir?* Quelque ridicule que la chose pût être en elle-même et quelque intérêt qu'on ait eu à la montrer telle, il y a deux points qui y découvrent l'essai d'une association grossière entre l'illuminisme chrétien, le mysticisme révolutionnaire et l'inauguration d'un gouvernement de prophètes (1). »

A cette explication fort catégorique et qu'on n'aurait osé attendre de Michelet, il convient de joindre celle que plusieurs fois nous avons signalée avec divers historiens : l'utilité que ce fanatique à froid pouvait retirer de ses rapports avec les illuminés pour ses visées politiques. Là était son objectif. Quant aux niaiseries et aux facéties de la partie rituelle adoptées dans ce cénacle, peu lui importait ; et, volontiers, il laissait berner les petites têtes, escomptant sur la « sottise humaine » dont parle l'encyclopédiste Larousse. Du reste, de toute part les sectes d'illuminés s'étendaient, non seulement dans le peuple, mais dans les plus hautes classes : le roi de Prusse en était. En Vendée on ne parlait que de miracles ; les prophétesses pullulaient. Dans le Lyonnais on vit cent mille personnes, le bâton de voyage à la main, allant, sans savoir où, pour voir et entendre une pythonisse.

« Mais aucun homme de l'Europe, ajoute cet historien, n'excitait si vivement l'intérêt de ces mystiques que l'étonnant Maximilien. Sa vie, son élévation à la suprême puissance par le fait seul de la parole n'était-elle pas un miracle, et le plus étonnant de tous ? Plusieurs lettres lui venaient, qui le déclaraient un Messie. Tels voyaient distinctement au ciel la *constellation Robespierre*. Le 2 août 1793, le président des Jacobins désignait, sans le nommer, le *Sauveur qui allait venir*. Une infinité de personnes avait ses portraits appendus chez elles, comme image sainte. Des femmes, des généraux même, portaient un petit Robespierre dans leur sein, baisaient, priaient la miniature sacrée. Ce qui est plus étonnant, c'est que ceux qui le voyaient sans cesse et l'approchaient de plus près, *ses saintes femmes*, une baronne, une M°° Chalabre (qui l'aidait dans sa police) ne le regardaient pas moins comme un être d'autre nature. Elles joignaient les mains, disaient : « Oui Robespierre, tu es dieu (2). »

(1) Michelet, *Hist. de la Révolution*, t. v, pp. 392, 393, 396.
(2) Id. *Ibid*. t. v, p. 393. — Sur ce point, comme sur tous les autres qui vont à l'encontre de ses théories, Louis Blanc accuse Michelet d'avancer ces faits sans preuves. Il reconnaît bien qu'une lettre, ressemblant à un « éloge

Cet engouement était parti de la rue ; mais la secte mystique servit à le développer et devint son centre principal. Son infatuation y trouvant son compte, Robespierre ne pouvait que se complaire à ces moyens qui aidaient sa popularité. Les *Mémoires* du temps racontent assez avec quelle vanité il se voyait adulé, combien plus surtout il préférait les manifestations intimes, et qui sentaient le *culte*, aux démonstrations bruyantes des clubs ou des villes qui l'accueillaient (1). Aussi avec sa finesse d'homme du monde, Condorcet faisait-il le vrai portrait de ce vaniteux qui aimait à s'envelopper sous certaine forme de dévotisme : « Il n'a qu'une mission, écrivait ce chroniqueur contemporain, c'est de parler et il parle presque toujours. Il a tous les caractères non pas d'un chef de religion, mais d'un *chef de secte*. Il s'est fait une réputation d'austérité qui vise jusqu'à la sainteté. Il monte sur les bancs, il parle de Dieu et de la Providence, il se dit l'ami des pauvres et des faibles, il se fait suivre par les femmes et les pauvres d'esprit, il reçoit gravement leurs adorations et leurs hommages. Robespierre est un prêtre et ne sera jamais que cela (2). »

C'est plus qu'un prêtre, il pose et on le pose *en divinité*, surtout dans la secte mystique de la rue Contrescarpe. Son panégyriste, M. Hamel, se plaît à énumérer les dévotes de *dieu* ; parmi les plus marquantes sont Mme de Chalabre, une des illuminées dont nous avons déjà parlé, et une jeune veuve qui lui offre sa main et ses 40,000 livres de rentes, au bout de ce petit poulet : « Tu es ma divinité suprême, et je n'en connais pas d'autre sur la terre que toi. Je te regarde comme mon ange tutélaire et ne veux vivre que sous tes lois (3). » Et comme il ne peut pas se compromettre en allant ouvertement dans le galetas de Catherine Théot, il aura son oratoire tout trouvé chez le menuisier Duplay. Le vrai Fils de Dieu, n'était-il pas chez le charpentier Joseph, dans le modeste cénacle de Nazareth ! Ce rapprochement lui plaît ; plus d'un de ses adorateurs y découvre d'heureux pronostics. M. Taine, qui résume sur ce point les principaux chroniqueurs de l'époque, nous fait le tableau suivant :

mystique », traite Robespierre de « Messie annoncé par l'Être éternel, pour réformer toutes choses ». Mais il faut récuser ce témoignage comme apporté par Courtois, et écrit par un *fou*, qui se qualifie lui-même « jeune homme de quatre-vingt-sept ans » (*Hist. de la Révolution*, t. III, p. 26, note critique).

(1) La ville d'Arras illumine pour son arrivée. A Bapaume, les patriotes du lieu, les gardes nationaux de passage et les autorités en corps vont saluer le grand homme. A la clôture de la Constituante, le peuple l'acclame dans la rue ; on a posé sur sa tête une couronne de chêne, on a voulu traîner son fiacre, on l'a reconduit en triomphe dans son logis, chez le menuisier Duplay, rue Saint-Honoré.

(2) Cf. *Chronique de Paris*, n° du 9 novembre 1792.

(3) *Vie de Robespierre*, t. I, p. 515 ; III, 524.

« Là, dans une de ces familles où la demi-bourgeoisie confine au peuple, parmi des âmes neuves sur lesquelles les idées générales et les tirades oratoires ont toute leur prise, il a trouvé des adorateurs ; on boit ses paroles ; on a pris de lui l'opinion qu'il a de lui-même ; pour tous les gens de la maison, mari, femme et filles, il est le grand patriote, le sage infaillible ; soir et matin il rend des oracles, il respire un nuage d'encens, il est un *dieu en chambre*. Pour arriver jusqu'à lui, les croyants font queue dans la cour (1) ; admis un à un dans le salon, ils se recueillent devant ses portraits au crayon, à l'estompe, au bistre, à l'aquarelle, devant ses petits bustes en terre rouge ou grise ; puis, sur un signe de sa main saisi à travers la porte vitrée, ils pénètrent dans le sanctuaire où il trône, dans le cabinet réservé où son principal buste, accompagné de vers et de devises, le remplace quand il est absent. — Ses fidèles sont à genoux devant lui, et les femmes encore plus que les hommes. Le jour où, devant la Convention, il prononce son apologie, « les passages (2) sont obstrués de femmes... il y en a sept ou huit cents dans les tribunes, et deux cents hommes au plus » ; et avec quel transport elles l'applaudissent (3) ! »

Ces détails et ces jugements, provenant d'écrivains d'opinion et de couleur bien différentes, suffisent à montrer le héros de la Révolution et le héros des mystiques illuminés. Jusque dans le club où Robespierre tenait une si grande place on faisait chorus avec la petite église, et le titre de *Sauveur* tombait des lèvres du président tout comme de celles de Catherine Théot et de la plume de ses correspondants. Club jacobin et Comité de sûreté générale ne pouvaient qu'être au courant des relations qui existaient entre le révolutionnaire mystagogue et les illuminés, puisque, d'après un autre biographe « les trois quarts des adeptes de la *Mère de Dieu* étaient des agents de ce Comité et que ses mystères étaient tout aussi connus à l'hôtel de Brienne (4) que dans la rue Contrescarpe (5). » Et ce fut lorsque Vadier, âme de ce Comité, crut le moment venu « de dévoiler la grande conjuration théocratique » qu'on députa Sénart pour arrêter les conspirateurs. Il était aisé de les saisir, car les allées et venues étaient fréquentes entre la chambre prétendue clandestine et les affidés du gouvernement. Journellement on était au courant de ce qui se passait, puisque au dire de l'encyclopédiste cité plus haut : « Le long du petit local où se tenait le Comité de Salut public régnait un corridor

---

(1) Laréveillère-Lepeaux, *Mémoires*. — Barbaroux, *Mémoires*, 358 (Tous les deux après une visite.)
(2) Ces dévotes de Robespierre, assidues aux Jacobins et à la Convention, pour l'entendre et l'applaudir, étaient, d'après leur condition et leur costume, appelées « les jupons gras ».
(3) *Hist. parlementaire*, t. xx, p. 197 (Séance du 1ᵉʳ oct. 1792).
(4) Cet hôtel, qui n'existe plus, faisait partie de l'ancienne enceinte des Tuileries et était situé presque en face de la rue de l'Echelle. C'est là que le Comité de sûreté générale tenait ses séances (Note de Georges Duval, collaborateur de la *Biographie* Michaud).
(5) *Biographie* Michaud, article *Gerle* (dom Christophe-Antoine).

obscur. Là les hommes de la police venaient mettre les paquets cachetés. De là les petites filles portaient les lettres ou les paquets chez la grande dévote du Sauveur futur, chez Mme de Chalabre, femme de l'entrepreneur des jeux (1). »

Ce va et vient dit assez par lui-même, sinon l'entente qui existait entre les divers intéressés, du moins la connaissance de ces rapports fatalement compromettants pour celui qui était le point de mire. Aussi, continuant son récit le biographe écrit-il, en empruntant le texte même à Michelet : « L'amer Cévenol, Rabaut Saint Etienne, avait très bien indiqué que ces momeries ridicules, cet entourage de dévotes, cette patience de Robespierre à les supporter, c'était le point vulnérable, le talon d'Achille, où l'on percerait le héros. Girey-Dupré, dans un noël piquant et facétieux, y frappa, mais en passant. N'était-ce pas le sujet de comédie de Fabre qu'on fit disparaître, et pour laquelle peut-être Fabre disparut (2) ? » Voilà donc, avec le Comité de sûreté qui savait « l'affaire d'illuminisme chère à Robespierre (3), » un témoin tel que Fabre d'Eglantine qui met cet épisode en comédie. On sait bien qu'à cet adversaire juré de l'inventeur de la fête de l'Être Suprême, tout était bon pour bâtir des romans, des satires et des pièces de théâtre. Mais, pour prendre comme thème de comédie les ridicules momeries de la rue Contrescarpe, dont un des acteurs est celui qu'on appelle le « Messie » dans ce milieu de dévotes, il fallait bien que le sujet fût connu et l'intrigue indiscutable. Il l'avait si bien saisi et dépeint, que la pièce fut supprimée ; mais la curiosité n'en était que plus piquée, et les preuves recueillies ne laissèrent plus de doute à ceux qui voulaient se débarrasser de Robespierre.

Et puisque nous en sommes aux *pièces* de conviction, provenant de *pièces* de théâtre, remarquons que la comédie de Fabre d'Églantine ne fut pas la seule ; la scène aussi était portée sur un autre théâtre que le galetas de la pythonisse Théot. Le Callot de la Révolution, le facétieux François Marchant, saisit une des visionnaires les plus en renom, Suzanne Labrousse, dont nous aurons à parler, et, dans la *Chronique du Manège*(4), sorte de revue politique rédigée avec beaucoup de talent et de malignité, il publia une série de tragi-comédies (5), où Robespierre accablé sous le

---

(1) Larousse, *Dictionnaire du XIXe siècle*, article Théos.
(2) Michelet, *Hist. de la Révolution*, t. v, p. 394.
(3) Voir ci-avant, p. 49.
(4) Nom emprunté à la vaste salle dite *Manège des Tuileries*, où se tinrent plusieurs grandes assemblées de la Révolution, et située sur l'emplacement actuel de la rue de Rivoli.
(5) Ces principales pièces sont : *Les amours de dom Gerle*, dont on trouvera une analyse et de longs fragments dans le volume de M. l'abbé Christian

ridicule, est ouvertement mis en relation avec les **principaux illuminés**. A côté de la prophétesse Labrousse et de dom Gerle, paraissent, entre autres personnages politiques, plusieurs Jacobins, dont le chef est escorté de Marat, Guillotin, Camille Desmoulins, etc... De ceux-ci, quelques-uns ne furent pas en relation avec l'héroïne de la pièce, mais il n'en est pas ainsi de Robespierre. A diverses reprises elle même a consigné dans ses écrits la vérité et le sujet de ces relations. Ainsi, dans le cinquième fascicule de son manuscrit, parlant du voyage qu'elle va faire à Rome, pour « éclairer » le Souverain Pontife sur la *Constitution civile du clergé*, elle dit :

« Je vais bientôt partir pour accomplir ma mission près du pape : hier a eu lieu une réunion de plusieurs de mes protecteurs et amis. A ce sujet, le vénérable évêque Pontard, de Périgueux, dom Gerle, M. le député d'Arras et son ami le docteur Guillotin, et plusieurs députés de divers points de la France, ont applaudi à mon projet. *L'encouragement de Robespierre m'est très agréable*, car il est bien écouté, c'est un homme savant et qui parle comme un livre. Mais il a des idées effroyables pour arriver à ce qu'il veut. Quelquefois cet homme me fait peur. » — La voyante *a peur* de Robespierre, mais son encouragement lui est très agréable. Sur ce point elle insiste en un autre passage de ses écrits, dans ces termes : « Outre les évêques qui me pressèrent de partir pour remplir ma mission près du pape, je fus fortement encouragée dans cette voie par *notre ami* Robespierre (1). »

Cet ami a donc des projets ; il a des « idées effroyables pour *arriver à ce qu'il veut* »; et ceux dont il se sert pour aboutir à ses fins, ainsi que le remarque justement l'auteur auquel nous empruntons ces extraits, « ne pouvaient être que des pantins utiles à ceux qui tenaient les fils et qui les faisaient mouvoir (2). » — Nous n'avons pas à apprécier ici la valeur des écrits de Suzanne Labrousse ; son récent historien, M. l'abbé Moreau, édifiera sur ce point ceux qui y auraient quelque intérêt. Mais à ce sujet, tout comme à propos des pièces politico-comiques que nous venons de signaler, une observation s'impose. Quoique nous l'ayons déjà insinuée, nous la redisons ici telle que nous la trouvons dans la biographie de la prophétesse périgourdine. « Il me semble, dit l'abbé Moreau, que même en un pamphlet, surtout en un pamphlet politique, il est rare que le fond ne soit pas authentique : je ne crois pas que le facétieux François Mar-

Moreau, *Une mystique révolutionnaire*, pp. 82-112. Là aussi sont analysés : *Le don patriotique du Périgord à l'Assemblée nationale*, ou la *Dinde aux truffes*; Item : *La Pucelle périgourdine*.

(1) Extraits cités par l'abbé Moreau, *Une mystique révolutionnaire*, pp. 112-113 et 69. — On trouvera aussi dans cet ouvrage le détail des écrits de Mlle Labrousse, et des renseignements sur les personnages plus en vue, notamment sur l'évêque constitutionnel Pontard, qui publia les *Prophéties* de cette voyante, avec des commentaires.

(2) *Une mystique révolutionnaire*, p. 69.

chant ait inventé de toutes pièces ces relations de Mlle Labrousse avec les personnages les plus influents de la Révolution. Je vais même jusqu'à dire que je considère comme une preuve sérieuse, plus sérieuse même que le manuscrit de Suzette Labrousse, ces scènes où, sous le rôle un peu chargé évidemment, se montrent si faciles à reconnaître Marat, Desmoulins, Robespierre, Danton et Guillotin, pour ne citer que les principaux (1). »

Entre tous Robespierre est traité d'*ami*, il est *bien écouté*, malgré ses *idées effroyables pour arriver à ce qu'il veut*. Dans le petit cénacle on devait connaître ces *idées*, ces *projets*, et on en favorisait la réalisation... « D'ailleurs, ajoute la voyante qui vient de nous faire ces confidences, il nous disait souvent jadis : Je serai un jour obligé de remettre en place ce que je cherche à détruire aujourd'hui, la religion : vous m'aiderez (2). » C'est bien là la politique de bascule que nous avons exposée d'autre part, et à ce jeu là il jouait sa dictature et sa tête. L'arrestation de Catherine Théot et de toute la chambrée policièrement effectuée par le commissaire Sénart, préluda à la ruine du « premier prophète ». Au fond, en envoyant cet agent surprendre traîtreusement cette assemblée, c'étaient les preuves de la participation de Robespierre à cette association qu'on recherchait. Les factions de la République et de la Convention ne redoutaient pas cette poignée d'illuminés pauvres exaltés « qui se réduisaient à quarante ou cinquante béats ou béates de bonne foi, marionnettes qui n'apercevaient pas le fil qui les faisait mouvoir (3) ». Et c'est le peu suspect Georges Duval qui, à ce dernier renseignement, ajoute un jugement d'après lequel le moteur de la secte était évidemment Robespierre.

Cette secte, avons-nous dit, avait un certain nombre d'adeptes plus ou moins agissants et plus ou moins en renom (4). Si leur centre de réunion était chez la *Mère de Dieu*, le zèle des plus ardents se déployait aussi hors de cette enceinte réservée. Voilà pourquoi, après avoir perquisitionné à la rue Contrescarpe, l'émissaire du Comité de sûreté, pour suivre ses opérations de policier, il va nous les raconter lui-même dans la suite du chapitre que nous avons interrompu après le détail de l'arrestation de Cath. Théot et des principaux membres de la société.

---

(1) *Une mystique révolutionnaire*, p. 113.
(2) Extrait des écrits de Suzanne Labrousse ; l'abbé Moreau, *op. cit.*, page 69.
(3) *Biographie* Michaud, article Gerle.
(4) D'après Sénart le nombre des affiliés était fort considérable. Plusieurs historiens veulent qu'il fût fort restreint ; peut-être ceux-ci parlent-ils des adeptes qui étaient « de bonne foi » ou qui avaient « certain renom ».

« Chez Gerle, je trouvai une lettre de la fille d'un concierge de l'un des châteaux de Mme de Bourbon, dans laquelle on le remerciait de ses dernières visites. J'y saisis également une feuille écrite en trois colonnes, intitulées, l'une *Signa*, qui veut dire en français, signes ; l'autre *Verba prophetæ*, ce qui signifie paroles du prophète ; la troisième *Erentus*, événements.

« Je traduisis en français les versets latins (1) qui étaient dans les colonnes, ainsi qu'il suit :

Colonne des signes. 1°. Tu mettras la main sur la tête, en la regardant comme le gage du serment ; — 2. L'autre sur le front sera le sceau ; — 3. Les yeux seront purifiés pour la lumière ; — 4. Son nez purifié pour la prévoyance ; — 5. Sa bouche purifiée pour le don de la parole ; — 6. Ses joues purifiées pour l'amitié ; — 7. Ses oreilles purifiées pour l'entendement ; — 8. Son menton purifié pour l'alliance ; — 9. Le signe en forme d'équerre est le signe de l'immortalité (2).

« L'autre colonne, sous la désignation des Paroles du prophète, contenait les versets suivants : 1. Que les profanes périssent ; — 2. Que le grand Dieu soit vengé ; — 3. Que tout s'humilie et s'abaisse ; — 4. Que le serpent soit écrasé ; — 5. Que les armes soient victorieuses ; — 6. Que les chefs se réunissent ; — 7. Parle au cœur des élus ; — 8. Que l'union soutienne la phalange.

« La troisième colonne sous la désignation d'Événements, contenait les versets suivants : — 1. A l'instant qu'ils s'élèveront ils seront abaissés ; — 2. Les élus seront rendus à la vie éternelle ; — 3. Le moment du grand coup sera l'instant d'une fête ; — 4. Ils seront entassés, exterminés au défaut de signes ; — 5. La Mère régnera ; — 6. Les prophètes gouverneront (3) ; — 7. L'Être-Suprême dirigera tout.

« Chez un nommé Lamothe, médecin (4), on trouva un écrit intitulé : *Révélations de la Mère*, contenant différents passages ayant rapport aux rêveries de Catherine Théot. Il a prétendu que c'était un recueil sur les somnambules. Il ne faudra pas perdre de vue que Lamothe se dit le médecin de la princesse de Bourbon.

« Quelques jours après, j'arrêtai le prophète Élie (5) qui courait les campagnes et les quartiers isolés de Paris ; à l'instant même où il prêchait la loi des prophètes, je saisis sur lui un livre de carton vert écrit à la main, contenant les secrets des prophètes. Un de ces secrets était de se rendre invisible en tuant un de ses semblables, et surtout les profanes députés à la Convention nationale (6) ; un autre consistait à ressusciter les élus des prophètes par des

---

(1) Cette composition latine était très probablement l'œuvre du *frère* Gerle, ex-chartreux.

(2) Tout à l'heure nous avons vu qu'on attribuait à ce signe le sens d'*égalité*.

(3) Qu'on ne perde pas de vue que les *prophètes*, étaient Robespierre et Gerle.

(4) On aura quelques détails sur ce personnage, dans les notices qui suivent cette étude. Il était partisan du Mesmérisme, ce qui a pu lui faire dire que son écrit était relatif aux somnambules.

(5) Qui se cachait sous ce nom ? Le titre de *prophète* ne lui était pas donné sans doute dans l'association ; car les deux seuls désignés étaient Robespierre et Gerle. Peut-être ce prédicant affilié s'était-il affublé de cette qualification pour rappeler le passage biblique, ou jouer au magicien, lesquels en Orient surtout prenaient le nom d'Élie.

(6) Dans ces « profanes députés à la Convention », ne peut-on pas voir les adversaires de Robespierre, le déiste ; ce serait alors toute la tourbe des

prières et l'usage de simples apprêts. Ce fait particulier et important ne fut pas expliqué par Vadier. Le Comité crut devoir le tenir caché ainsi que la complicité de Robespierre, désigné par la lettre en question, comme le prophète. Vadier n'eut à parler qu'après la mort de Robespierre ; le mystère dont on a couvert cette lettre, les mystères et maximes du prophète Elie ont fait traiter de fable ce qui était réel.

« Ce qui ne fut pas expliqué c'était l'usage des signes, les projets du nouveau trône, l'extermination des profanes, les rapports des combats, les effusions de sang, les différents rapprochements des prophéties, signes, événements, etc. On ne peut disconvenir qu'au travers de ce tissu de bêtises, de prophéties, de révélations, de mystères, de signes, de moyens de se rendre invisible, on n'aperçoive les ramifications de complots fanatiques et sanguinaires. On voit que cette secte d'illuminés eût pu faire beaucoup de mal. »

Après cet exposé général, Sénart s'attache dans la fin de son récit à démontrer la complicité de Robespierre et en relève les principales preuves. Évidemment, il y a des exagérations dans ce rapport, par exemple quand il va nous dire que le nombre des sectaires est « incalculable ». Tout à l'heure nous avons parlé d'une quarantaine ou cinquantaine ; et tout porte à croire que ce chiffre est le plus près de la vérité. Aussi, malgré l'appréciation de Sénart, nous ne croyons pas que jamais cette secte « eût pu faire beaucoup de mal ». Mais il fallait bien que le policier donnât de l'importance à la découverte qu'il en avait faite et au service qu'il rendait au gouvernement en lui livrant les chefs et le nom des affiliés. Que si nombreux étaient ceux qui se reconnaissaient dans la rue « à des signes conventionnels », ainsi que le raconte cet agent, n'était-ce pas plutôt d'après les systèmes de la franc-maçonnerie ? Mais, laissons parler encore le rapporteur, et pesons avec lui les charges accablantes et les conclusions qu'il en déduit contre le chef jacobin.

« La lettre désignant le premier prophète, et adressée à Robespierre comme tel, le présente comme un nouveau Mahomet qui voulait établir une loi religieusement et constitutionnellement dominante ; s'élever un trône par les mains des illuminés ; cimenter son trône par le sang des victimes ou des non croyants, et régner sur et par les fanatiques égarés. L'établissement de cette secte d'illuminés avait des vues perfides et atroces. L'histoire de la *Mère de Dieu* n'est point une fable. Comment, en effet, pourrait-on concevoir que Gerle, Lamothe, Robespierre eussent joué un rôle aussi niais ; qu'ils eussent admis tant d'absurdités, s'ils n'avaient été des charlatans intéressés, ayant des vues particulières ?.

« Le nombre des disciples de cette secte est inconcevable ; elle était répandue partout ; souvent dans les rues j'ai fait le signe des initiés, et l'on me répon-

---

athées, Chaumette, Hébert et consorts, que le tyran spiritualiste fit mettre à mort. Quant au « secret de se rendre invisible » c'était un des tours de passe du célèbre Mesmer que cultivait principalement la duchesse de Bourbon, *sœur* du petit cénacle.

dait. Pourquoi le trône au Panthéon si ce n'eût été celui du dictateur ? Pourquoi la mort des proscrits et celle des rebelles au dictateur, désignés sous le nom de profanes ?

« Lecteur, si je vous ai entretenu de cette risible histoire, c'était pour vous transmettre ce qu'on n'avait ni divulgué ni expliqué, et pour vous convaincre que le tyran Robespierre voulait élever son trône sur toutes sortes de débris, et s'asservir les ignorants et les hommes égarés. Pourquoi ces prétendus secrets des prophètes, pour se rendre invisible en tuant un profane ou un député à la Convention nationale, et ressusciter les élus des prophètes ? Ces absurdités, ces atrocités sont si révoltantes qu'elles paraissent incroyables ; hé bien ! je vous assure que mon récit est exact ; il a pu vous ennuyer, mais ce qui vous a paru puéril, n'en porte pas moins le caractère de la vérité. Qu'entendait-on par les profanes, si ce n'était les proscrits ? Pourquoi Robespierre a-t-il donné un certificat à dom Gerle ? Quel autre que ce Gerle en a jamais pu produire ? Voici encore ce qui détermine la conviction sur ce complot : Pourquoi Gerle allait-il dans le château (1) porter la parole du prophète ?...

« A ces différentes révélations, il faut joindre les renseignements et les diverses pièces provenant de la découverte de la secte des illuminés, et des réunions de gens de tous états dans l'hôtel de la princesse de Bourbon à Paris (2). Il faut savoir aussi que Robespierre s'était emparé des pièces relatives à l'hôtel de la princesse de Bourbon ; qu'il les demanda au Comité de sûreté générale, longtemps avant que le rassemblement chez la *Mère de Dieu* fût connu du Comité ; qu'il a depuis refusé de les remettre, mais que le Comité s'en était procuré les originaux provenant des cartons du ministère de l'Intérieur et de la municipalité de Paris ; que Lamothe était médecin de la princesse de Bourbon ; que ce fut dans son château que Gerle vint prêcher la parole du Seigneur.

« Parmi les lettres trouvées on remarquait, entre autres lettres de plusieurs illuminés, des lettres signées des soi-disants *Colombes* de Dieu et portant désignation de rendez-vous avec le *bienheureux* Gerle, le fils chéri de Dieu, Gerle, le fils aimé de Dieu, Gerle, le favori des *Colombes* de Dieu. De bonne foi, ne fallait-il pas être aveugle pour croire à ces pasquinades, à ces absurdités ? Hé bien ! j'ai interrogé un boiteux qui venait demander une jambe, un autre individu qui disait avoir recouvré la vue, d'autres qui assuraient avoir recouvré la parole, quantité d'autres qui me soutenaient, ainsi que je l'inséral dans mon procès-verbal qu'ils ont signé, que la *Mère de Dieu* les avait guéris de paralysies, de lèpres, de maux incurables, et qui disaient être venus pour la remercier ; une femme qui prétendait et qui a signé avoir vu Dieu comme un homme vêtu d'une robe blanche parler à la *Mère de Dieu* ; une autre qui avait aperçu luire un éclair et Dieu entrer chez Catherine Théot ; un autre qui l'avait vu voltiger sur le tablier de cette femme ? Pourquoi ces miracles, ces visions ? Peut-on douter que cela n'ait été inventé, publié qu'à dessein d'égarer et dans des vues perfides ? On conçoit aisément l'affiliation de Robespierre qui, comme premier prophète, devait occuper, sans doute, le fauteuil vacant à la droite de la *Mère de Dieu ?* Pourquoi la fête de l'Être-Suprême ? Pourquoi son système à cet égard ? J'ai fait à l'occasion de cette fête une remarque que je puis rappeler ici. Robespierre avait proposé la fête à l'Être-Suprême ; pour la célébrer, il se fit nommer président de la Convention ; une statue couverte d'un voile représentait l'athéisme, et le président devait faire brûler le voile

---

(1) Celui de la duchesse de Bourbon, déjà signalé et dont parle encore plus loin le rédacteur de ce rapport

(2) Cet hôtel était le n° 66 de la rue Saint-Honoré.

sous lequel on aurait vu paraître la statue de la Sagesse. Robespierre fit brûler le voile, mais la flamme noircit entièrement la statue, et la prétendue Sagesse de Robespierre est restée terne, et lui-même est mort en prouvant qu'il avait manqué de sagesse. Cette noirceur qui s'attacha à la statue fut un mauvais présage (1) : la fatalité sembla depuis poursuivre Robespierre qui vécut longtemps pour la honte de la Convention et le malheur des Français.

« ... (2) Il voulut établir une religion : il feignait de combattre l'athéisme, et il le propageait en bouleversant les cultes, c'était un culte à lui qu'il voulait. Il devait faire briller la sagesse, mais il ne resta qu'une statue noircie par la fumée, symbole de la propre noirceur de son cœur. La fête de l'Être-Suprême fut la première pierre des fondements du trône de Robespierre et le comble de l'illusion et de l'idolâtrie du peuple français qui s'enthousiasme de toutes les nouveautés. Ce peuple allait lui-même applaudir aux jugements de mort contre ceux qui avaient parlé mal de ce tyran ; il criait contre les fanatiques, et il avait une idole exclusive, une secte intolérante ; il immolait les hommes et lui offrait en holocauste comme les païens sacrifiaient aux fausses divinités. »

Aussi exagéré soit-il dans le détail comme en certains de ses jugements, on conviendra qu'à moins de prendre ses écrits pour un roman ou une mystification, Sénart doit être cru pour le fond de ses récits et l'ensemble des faits. A ce sujet nous ne reviendrons pas sur les raisons que nous avons déjà alléguées et qui nous paraissent concluantes. «*L'histoire* de la *Mère de Dieu* n'est pas une *fable* », dit-il avec insistance ; et comment concevoir que Gerle, Lamothe, Robespierre eussent joué un rôle aussi ridicule, adopté tant d'absurdités, s'ils n'y avaient pas été intéressés par des vues particulières ?... Pourquoi le trône au Panthéon, si ce n'est pour un dictateur, un monarque, un maître quelconque ? — N'insistons pas davantage, puisque Sénart a fait déjà toutes ces questions ; et venons-en, pour finir, aux illuminés dont les noms sont déjà passés sous nos yeux au cours de ces diverses relations.

．＊．

1° Le principal agent, pour ne pas dire acteur, dans cette affaire politico-religieuse fut Catherine Théot (3). Presque septuagénaire à

(1) La plupart des historiens observent que le public qui assista à cette fête fut fort mal impressionné par cet événement considéré comme mauvais augure.

(2) Pour ne pas interrompre le récit allant directement à notre sujet, nous mettons en simple note les quelques lignes incidentes qui ouvrent le dernier alinéa du rapport. « Le calendrier républicain donnait à chaque décade une dénomination particulière ; la première décade de thermidor de l'an II était dédiée au *Malheur*, et ce fut ce jour-là même que la chaîne du malheur fut rompue : la fête du Malheur fut l'époque du triomphe des malheureux, et le jour où le glaive national vengea les malheureux et frappa le tyran. »

(3) Elle était née dans un petit village voisin d'Avranches, en 1725. Nous observons que, malgré le bruit qui s'est fait autour de ce nom, plusieurs auteurs n'y font même pas allusion. Ainsi l'abbé Rohrbacher dans son *Histoire Univer-*

l'époque où elle joua le rôle qui la mit plus en relief et la fit tomber entre les mains de la police révolutionnaire, cette villageoise Avranchaise était venue à Paris, dans sa jeunesse, pour y trouver les moyens de subsistance. Comme dès son enfance elle avait donné des signes d'aliénation mentale, son curé la fit admettre par charité au couvent des Miramionnes, d'où elle sortit en 1779, sans avoir recouvré la plénitude de sa raison. Elle se persuadait avoir des visions : tantôt elle était une nouvelle Ève, tantôt la mère de Dieu ; enfin elle était appelée à régénérer le genre humain. Ses extravagances affectant le public, le gouvernement crut devoir la faire enfermer d'abord à la Bastille, puis à la Salpêtrière. Rendue plus calme par cette détention, elle fut mise en liberté, et l'on n'en parla plus jusque vers l'année 1794.

Entre temps, Catherine s'était liée avec certains illuminés qui se réunissaient chez la duchesse de Bourbon, et finit par faire cercle elle-même. Son domicile, nous l'avons dit, était situé rue Contrescarpe ; et le sanctuaire de ses réunions mystiques occupait le galetas (3e étage) de cette habitation plus que modeste. Là se rendaient, entre autres adeptes, l'ex-chartreux dom Gerle et Quesvremond-Lamotte, ancien médecin du duc d'Orléans, partisan effréné de Mesmer et de Swedenborg. Se faisant appeler *Mère de Dieu*, Catherine disait, avec douce sérénité et confiante assurance, qu'elle allait prochainement enfanter le Verbe de Dieu, réparer les malheurs causés à l'humanité par les premiers parents coupables, et réaliser pleinement la Rédemption qui n'avait été encore opérée qu'en figure. Parmi ses prophéties, une de celles qu'elle répétait le plus souvent, était que : « Les habitants du globe devaient être réduits à 140,000, tous ses élus. Elle leur promettait, non seulement l'immortalité de l'âme, mais celle du corps. Pour eux, ajoutait-elle, elle allait rétablir le Paradis terrestre, où ils pourraient jouir sans fin de l'éclat radieux de son antique virginité. Son trône serait érigé près du Panthéon (et le point qu'elle indiquait se trouve présentement occupé par l'Ecole de droit). C'est de là qu'elle devait régir l'Univers, commander aux soldats du Dieu des armées et lancer la foudre qui pulvériserait les trônes, anéantirait les mécréants, aplanirait les montagnes, dessécherait les mers. »

Pour être initié à ces mystères, auxquels nous a fait assister le récit de Sénart, il fallait être en état de grâce et faire abstinence de tous les

selle de l'Eglise, ne la mentionne pas. Feller et ses continuateurs, dans la grande édition de la *Biographie universelle*, n'en parlent qu'incidemment dans l'article consacré à la duchesse d'Orléans. A l'article *l'adier* ces mêmes auteurs parlent du rapport de ce conventionnel « sur la prétendue conspiration de Dom Gerle avec une espèce de folle, nommée Catherine Théoz » ; et c'est tout. L'historien Gabourd n'a que les deux lignes que nous avons citées en leur temps.

plaisirs charnels. Alors le récipiendaire devait se soumettre aux burlesques cérémonies déjà décrites. Là, aussi bien que dans toutes les autres réunions, présidait Catherine, assistée des deux acolytes, plus haut désignées. L'*Éclaireuse*, avait pour mission de paraître en robe blanche, le front ceint d'un bandeau, lors de la célébration des mystères, aux cérémonies d'initiation, et de psalmodier des passages de la Bible. A celle-là était dévolu le soin d'alléger l'office de la présidente, en faisant une partie des interrogations aux récipiendaires, et donnant lecture avec commentaire, des passages bibliques, surtout de l'Apocalypse, adoptés dans la secte. La seconde acolyte, appelée la *Colombe*, était tenue en réserve pour suppléer la première, et figurait également aux réceptions, mais en rôle secondaire. Et comme, « de croyance d'illuminé », la *Mère de Dieu* ne devait pas mourir, ces deux jeunes acolytes étaient spécialement tenues en réserve, pour lui succéder, alors que, *pour un motif ou un autre*, la vénérable *Mère* ne paraîtrait plus aux réunions. Par cette ruse, se transmettait de l'une à l'autre cette pseudo-immortalité.

C'est dans ce milieu et à l'aide de pareilles duperies qu'on entretenait l'espoir d'un parti politique et qu'on secondait plus particulièrement la puissance de Robespierre. Celle-ci s'évanouit le jour où la secte fut dissoute par l'emprisonnement de Catherine Théot décrétée d'accusation avec dom Gerle, par le commissaire-espion du Comité de la sûreté générale. Tandis que son complice était libéré vers la fin du règne de la Convention, la *Mère de Dieu* fut oubliée à la Conciergerie et y mourut âgée d'environ soixante-quinze ans (1).

2° Gerle, celui de tous les affiliés qui fut le plus remarqué et seconda le mieux la fondatrice de l'association, avait déshonoré son froc religieux, pour entrer dans la politique révolutionnaire (2). Chartreux et devenu prieur du couvent de Port Sainte-Marie et plus tard de la Chartreuse de Vauclaire, il avait été député du clergé, aux États Généraux, en 1789, pour la sénéchaussée de Riom. « Il fit tout d'abord cause commune avec le

(1) Les curieux recherchent une brochure devenue fort rare : *Vie privée de Catherine Théos, se disant Mère de Dieu* (an III) par Chenou, in-12. Déjà nous avons signalé les *Mystères de la Mère de Dieu dévoilés*, qui forment la troisième partie des *Causes secrètes de la Révolution* (du 9 thermidor) par Vilate. Consulter aussi *Rapport sur la conspiration de Catherine Théot*, par Vadier. Ces deux derniers ouvrages ont été publiés dans la *Collection des Mémoires relatifs à la Révolution*.

(2) Dom Christophe-Antoine Gerle, dont le nom est parfois écrit *Gerles*, était né vers 1740 dans un village de la province d'Auvergne. Fort jeune, il entra dans l'Ordre de Saint-Bruno, où il était cité comme un des religieux les plus distingués,

Tiers-État ; et dans la nouvelle carrière qui s'ouvrait devant lui, il ne tarda pas à marcher l'égal des Sieyès, des Gouttes et des Grégoire. A la séance du Jeu de Paume, son exaltation patriotique surpassa presque celle de Bailly et de Mirabeau ; aussi lui a-t-elle valu l'honneur de figurer sur le premier plan dans le tableau que David a fait de cette mémorable séance. Cependant, peu après cette époque, il se réveilla chez lui des souvenirs de son ancienne vie ascétique.

« Une espèce de visionnaire, nommée Suzanne Labrousse, faisait à petit bruit et parmi un nombre circonscrit d'adeptes, des prédictions sur l'avenir de la révolution naissante. Dom Gerle crut devoir entretenir l'Assemblée (le 13 juin 1790), des ridicules visions de cette femme (1) », dont en 1789 il avait lu la *Vie* écrite par elle même ; ce qui l'avait amené à entrer en relations écrites avec celle que le premier il appela « inspirée et prophétesse ». Quelque temps après, il assura qu'elle lui avait prédit qu'il serait membre d'une assemblée nationale et qu'une révolution ensanglanterait la France. L'Assemblée, qui tout d'abord avait écouté l'orateur exposant avec chaleur et conviction de telles singularités, lui imposa silence et finalement se moqua de lui et de sa prophétesse.

« On n'a jamais bien connu, ajoute le biographe que nous citions tout à l'heure, le secret de cette première momerie de dom Gerle ; mais déjà ici se révèle l'homme qui, quatre ans plus tard, sera un des prophètes de la *Mère de Dieu*. Après l'échec qu'il venait d'éprouver dans l'affaire de Suzanne Labrousse, dom Gerle, soit honte, soit prudence, se tint coi ; et à peine son nom fut-il prononcé quatre ou cinq fois jusqu'à la clôture de l'Assemblée Constituante. Rentré alors dans l'obscurité, il n'en sortit qu'après la journée du 10 août, pour faire partie de l'assemblée régénérée des électeurs de la ville de Paris. Cependant il est juste de dire qu'il ne participa en aucune façon aux crimes de cette époque. Il paraît avéré toutefois que, depuis la Constituante, dom Gerle avait conservé des relations avec Robespierre. » Elles ne devinrent que plus étroites lorsque, en 1794, poussé par ses idées d'ascétisme, il se tourna vers Catherine Théot, dont la réputation ne pouvait lui échapper. On a vu la place qu'il occupa dans ce milieu, l'ascendant qu'il y prit, le rôle qu'il jouait. Or, vers l'époque où ce « fils de la voyante » fut initié à cette secte, il s'était vu à la veille d'être arrêté, « et il n'évita la prison que sur l'intervention alors toute puissante de Robespierre qui se déclara positivement son protecteur ». C'est alors (1793) que le dictateur lui donna la déclaration suivante,

(1) Toute cette citation est prise dans la *Biographie* Michaud, article Gerle, par Georges Duval, dont nous avons dit ailleurs les tendances. C'est cette notice que nous résumons en la complétant et rectifiant sur divers points.

pour lui faire obtenir de sa section un certificat de civisme : « *Je certifie que mon collègue à l'Assemblée Constituante a marché dans les vrais principes de la Révolution et m'a toujours paru, quoique prêtre, bon patriote.* »

Nous avons dit combien cette recommandation fut reprochée au chef jacobin, comment on l'exploita pour prouver qu'il était de connivence avec ces mystiques conspirateurs. Sénart nous disait tout à l'heure : « Quel autre que ce Gerle a jamais pu produire pareil certificat ? » Cette pièce et la fameuse fête, où Maximilien, à la face de tout Paris et de ses adversaires frémissants, avait essayé la tiare et la couronne, c'étaient des armes terribles aux mains des ennemis. Ils le prouvèrent à Robespierre ; et dom Gerle devait payer aussi cette complaisance et ses secrètes menées. Participant aux conciliabules qui se tenaient chez la duchesse de Bourbon, n'était-il pas l'apôtre intrépide d'une maison plus que suspecte au regard de la politique ?

Arrêté dans la réunion qui fut fatale à la secte des Théotistes, il essaya néanmoins d'expliquer ses rapports avec la *Mère de Dieu*. Dans un *Mémoire* adressé au Comité de salut public pour obtenir sa mise en liberté, il écrivait : « J'entendis parler d'une femme qui combattait la doctrine des prêtres et leur présageait leur chute prochaine, le renversement de leurs confessionnaux, la prise de leurs biens temporels, l'expulsion de leurs églises ; je voulus la connaître. Pour ce qui est de ces puérilités de baisers, des sept dons qu'ils signifiaient... cela est si ridicule que je n'ai rien à répondre... Mais l'histoire de la conspiration est évidemment une invention... » Dom Gerle était-il dupe, aveuglé ? On ne sait que penser. Le traiter d'insensé, comme on l'a dit de la plupart des membres de cette association, serait exagéré. Conservons lui le qualificatif d' « illuminé », c'est suffisant ; il répond au rôle enthousiaste qu'il remplit dans ce milieu de gens plus ou moins visionnaires, c'est-à-dire exaltés soit par la politique soit par de fausses visées religieuses. — On ignore l'époque de sa mort. A sa sortie de prison, se trouvant sans ressource, il travailla pendant quelque temps au *Messager du soir*, rédigé par Isidore Langlois ; puis, sous le ministère Bénézech, il resta dix-huit mois comme attaché aux bureaux du ministère de l'Intérieur.

3° Ce malheureux égaré avait été entraîné dans cette fausse voie par son exaltation naturelle qui trouva un aliment nouveau dans les écrits et plus tard dans la fréquentation de Suzanne Labrousse (1). De l'honorable

(1) Ses vrais noms sont : Clotilde Suzanne Courcelles Labrousse ; elle naquit le 8 mai 1747 à Vanxains, en Périgord. Son biographe, M. l'abbé Moreau, lui donne le prénom de Suzette.

famille des Courcelles, bien connue dans le Périgord, Clotilde-Suzanne, toute jeune enfant, donna dans un mysticisme exalté et pratiqua des mortifications extraordinaires. Ainsi, à neuf ans, elle passait des journées entières à contempler le ciel, étant couchée sur le dos ; et pour y monter plus tôt elle tenta de s'empoisonner en avalant des araignées. Entrée dans le Tiers Ordre de Saint François, elle manifesta à ses supérieures la mission qu'elle avait à remplir, en prêchant à travers le monde, pour convertir les pécheurs. Sagement ses supérieures s'y opposèrent. C'est alors que pour occuper ses loisirs elle écrivit cette *Vie* qui contribua à exalter le chartreux Dom Gerle, lequel se rendit en Périgord pour s'entretenir avec elle. Comme celui-ci ne put pas la faire prendre au sérieux par l'Assemblée Constituante, Suzanne, sur la recommandation de son admirateur qui l'avait subitement sacrée « inspirée et prophétesse », communiqua son œuvre à l'abbé Fauchet et plus tard à l'évêque de Périgueux, de Flamarens, et au constitutionnel de la Dordogne, Pontard.

Bien servie par la loi qui supprima les Ordres religieux, elle en profita pour entreprendre la mission qu'elle se croyait divinement imposée. Le faux évêque Pontard l'appela à Paris (1790) ; là elle se mit à prêcher et à prophétiser en faveur de la *Constitution civile du clergé*, contre la cour de Rome ; et ne manqua pas de se faire des partisans parmi les *spéculateurs* et les gens crédules. L'évêque Fauchet fut de ces derniers ; mais il revint bientôt de son erreur. Durant ce temps Suzanne fut logée chez la duchesse de Bourbon (1), dont les idées mystiques et l'exaltation politico-religieuse trouvaient un appui dans cette nouvelle venue ; comme elle en servait elle-même à la petite chapelle de Catherine Théot.

Ainsi se groupaient ces têtes exaltées qui, à l'insu les unes des autres peut être, étaient exploitées par les politiques à la recherche d'expédients et de moyens pour faire aboutir leurs projets. Nous n'avons pas à suivre cette visionnaire à Rome, où elle se rendit pour prêcher aux cardinaux et au Pape même les vrais principes républicains de *liberté, égalité, fraternité*, et aussi l'abandon du pouvoir temporel. Pendant sa route, elle pérora dans les clubs, dans les églises (2), sur les chemins, traitant partout ses auditeurs de *frères et amis*, selon la formule jacobine. Ses excen-

(1) Cf. *L'Ami de la religion et du roi*, 1822, t. xxxiii, p. 85.
(2) Sur ses prédications dans les églises et l'itinéraire qu'elle suivit jusqu'à Rome voir plus spécialement notre article *Une voyante révolutionnaire à Montauban*. C'est dans cette ville que pour la première fois elle parla en public ; et le presbytère du curé constitutionnel de Saint-Orens (Villebourbon) se trouvant trop étroit pour contenir les auditeurs, elle tint sa réunion dans l'église de cette paroisse, puis dans deux autres de cette localité. Ces prédications eurent lieu en mars 1792. Cf. *Bulletin hist. et archéologique de Tarn-et-Garonne*, an 1900, liv. juillet ; et tiré à part.

tricités et surtout un discours qu'elle prononça sur la place Navone contre le Pape et le clergé non assermenté la firent enfermer au château Saint-Ange, d'où elle ne voulut pas sortir, lorsque, en 1796, le Directoire avait obtenu son élargissement ; car, disait-elle « elle obéissait à une inspiration céleste ». Ce ne fut qu'après l'invasion de Rome par les Français, qu'elle revint à Paris, où elle vécut dans une certaine retraite, entourée d'un petit nombre d'amis fidèles, à la tête desquels était Pontard.

Celui-ci avait publié un *Recueil d'ouvrages de la célèbre Mlle Labrousse* (1), tandis qu'elle était incarcérée. Pour le récompenser, sans doute, Suzanne le fit son exécuteur testamentaire avec un legs de 3.000 fr. ; clause qui amena un procès avec la famille de la défunte. Elle mourut en 1821, à l'âge de 74 ans, assurant que les anges lui avaient préparé un trône dans le ciel, et occupée à composer des ouvrages mystiques et des commentaires sur l'Apocalypse. Au début de sa vraie carrière politique, elle avait publié un volume de *Prophéties sur la Révolution française, suivies d'une prédiction qui annonce la fin du monde... pour 1894* (2). Quelques historiens prétendent que cet ouvrage fut imprimé aux frais de la duchesse de Bourbon. Le grand renom de cette visionnaire la fit comparer à la fameuse baronne Krudener qui, partie de Riga en 1776 et venue à Paris, donna elle aussi dans les travers du mysticisme et se disait inspirée et envoyée de Dieu. Mais comme son inspiration, ou plutôt sa vie aventureuse et romanesque, la fit courir à travers de nombreux pays, elle ne laissa aucune trace de participation à la secte des Illuminées qui nous occupe. Aussi nous contentons-nous de la signaler simplement, à cause de rapprochements qu'on peut établir entre cette extravagante visionnaire et la prophétesse Labrousse.

1° Celle-là, avons-nous dit, s'était liée avec la duchesse de Bourbon qui lui avait donné asile dans son hôtel de Paris et entretenait des relations avec la secte théotiste. Pour ce motif cette infortunée princesse de sang royal nous intéresse.

Fille de Louis-Philippe duc d'Orléans, et de Louise Henriette de Bourbon Conti, Louise-Marie-Thérèse-Bathilde avait été mariée toute jeune au duc de Bourbon Condé (3). Huit ans après la naissance de leur fils, le

---

(1) Bordeaux, Brossier, 1797, in-8° de 296 pages. Pontard a accompagné ces prophéties de nombreux détails sur la vie et les travaux de cette illuminée.

(2) Paris, 1790, in-8°. Il parut une traduction de cet ouvrage sous le titre de *Discorsi recitati della cittadina Courcelles-Labrousse*.

(3) Née à Saint-Cloud le 9 juillet 1750 ; mariée en 1770, elle donna le jour (1772) à l'enfant qui après lui avoir causé de terribles chagrins dès sa naissance, devait finir misérablement dans les fossés de Vincennes.

duc d'Enghien, les deux époux, ne pouvant sympathiser, crurent nécessaire de se séparer. Cet isolement, favorisant ses tendances naturelles pour le merveilleux, le magnétisme et le mysticisme, la duchesse s'y donna à corps perdu ; et souvent son imagination ardente l'entraîna hors des sentiers de la foi. « Unissant à la charité d'une fille de saint Vincent les utopies des socialistes, à la piété d'une princesse catholique le mysticisme des illuminés (1), » cette femme étrange se jeta naturellement dans la secte, en correspondant avec Catherine Théot et aidant de son mieux la propagation des doctrines de Suzanne Labrousse. Que si elle ne fréquenta pas personnellement le cénacle de la rue Contrescarpe-Saint-Marcel, son confident et quasi-aumônier dom Gerle, son médecin Quesvremond-Lamotte et la plupart des gens de sa maison, adeptes fort zélés, la tenaient au courant et servaient de courrier entre la duchesse et la visionnaire. Les récits qu'on lui faisait régulièrement affermissaient de plus en plus les principes théophilanthropiques qu'elle puisait dans les principaux ouvrages mystiques du temps et surtout dans ceux du philosophe Saint-Martin.

Les concessions que dans ses écrits politico-mystiques elle avait faites aux idées révolutionnaires, la protection qu'elle accordait aux évêques constitutionnels étaient, de la part de la duchesse, des gages trop innocents donnés au régime de la Terreur, pour qu'elle pût espérer d'être soustraite à la persécution. Au reste, elle ne pouvait nier ses relations fréquentes avec dom Gerle qui si souvent allait prêcher toute sa maison. Et le dossier de lettres et autres écrits trouvé tant chez elle que chez son médecin, dossier qui amena le Comité de sûreté générale à faire les perquisitions dirigées par Sénart (2), prouvèrent effectivement que la duchesse faisait partie de la secte des illuminés politiques.

Aussi fût-elle enfermée, au mois de mai 1793, au fort Saint-Jean à Marseille, où elle resta jusqu'au 29 avril 1795, pour être bientôt après expulsée du territoire de la République. Dans la maison de campagne de Soria, en Espagne, où elle s'était retirée, la princesse se livra de plus en plus à ses idées mystiques et à ses rêves politiques et sociaux, rappelant ceux de l'abbé de Saint-Pierre, véritables utopies de bien public et de beaucoup de philanthropie. C'est à cette époque (1796) que l'Illuminé Saint-Martin, n'approuvant pas l'illuminisme ascétique de Louise de Bourbon, composa à son intention l'écrit intitulé *Ecce homo*, dans lequel il s'élève contre le goût du merveilleux et la croyance aux pro-

(1) Clarisse Bader dans *Le général de Melfort*; cf. *Revue des questions historiques*, janvier 1900, p. 186.
(2) Voir sur ces écrits la relation de Sénart, ci-avant p. 44.

phètes qui possédait la duchesse. Mais rien ne put la dissuader, et ses *Opuscules* ascétiques comme ses *correspondances*(1) condamnés par Rome, disent assez combien elle errait tant en religion qu'en politique. Portant sur elle l'empreinte de la tristesse, causée par ses chagrins domestiques et par les inquiétudes d'un mysticisme incompris, sa fin fut malheureuse. Elle se rendait à Sainte-Geneviève, le 10 janvier 1822, pour assister aux célèbres fêtes de l'octave, lorsqu'elle fut frappée d'apoplexie et mourut au bout de quelques heures, dans une des salles de l'École de droit, où on s'était empressé de la transporter.

5° Le « *philosophe inconnu* », Saint-Martin, dont les doctrines avaient été si nuisibles à la duchesse de Bourbon, fut lui aussi impliqué dans le complot de la secte Théot. Arrêté en 1794, en même temps que ces divers illuminés, il fut rendu à la liberté immédiatement après l'exécution de Robespierre (10 thermidor). On ne pouvait guère trouver de griefs politiques contre ce philosophe spiritualiste dont les écrits assez nuageux tiennent plutôt de l'utopie que d'un système gouvernemental préjudiciable aux tendances de son époque. Il déclarait, du reste, que la Révolution « était un des *desseins terribles de la Providence* », tout comme il vit plus tard dans Bonaparte « *un grand instrument temporel* (2) ». Robespierre n'avait donc rien à redouter de ce philosophe, inscrit dans la secte des

---

(1) Ces écrits en 2 volumes, aujourd'hui disparus, sont signalés par l'abbé Lambert, dernier confesseur du duc de Penthièvre, dans ses *Mémoires de famille, historiques, littéraires et religieux* : Paris, Painparré 1842, in-8°. Les *Opuscules* de la duchesse furent publiés en 1812 (2 vol. in-4°) sous le titre *Pensées d'une âme de foi sur la religion chrétienne en esprit et en vérité. La correspondance entre* Mme *de B.* (Bourbon) *et M. R.* (Ruffin) *sur leurs opinions religieuses*, très rare, forme 2 vol. imprimés à Barcelone en 1812-1813.

(2) Difficile à saisir et à résumer, la doctrine de cet illuminé paraît consister dans une révélation *naturelle*, renfermée dans « l'être même de l'homme », lequel doit *nécessairement* se suffire à lui-même. C'est tout ce qu'on peut tirer de plus clair des fort nombreux écrits de Saint-Martin qui furent traduits et très répandus surtout dans les pays du Nord, où il fit de fréquents voyages. Ce fut dans une de ses visites à l'Italie qu'ayant rencontré le prince Alexis Galitzin, celui-ci, émerveillé de ses enseignements, répétait : « Je ne suis homme que depuis que j'ai connu Saint-Martin. » A son tour, Saint-Martin avait été grand admirateur du célèbre et nuageux philosophe allemand Jacob Boehm, regardé en France comme un visionnaire. Au fond « le philosophe inconnu » paraît n'avoir fait que développer les principes du faux visionnaire Swedenborg, socinien ou déiste hypocrite, qui employait le langage des enthousiastes pour substituer au Christianisme une religion prétendue naturelle, la seule raisonnable pour l'homme. — Voir Caro E. *Du mysticisme au XVIII° siècle. Essai sur la vie et la doctrine de Saint-Martin, le philosophe inconnu*, in-8°. Paris 1852.

Martinistes (1), dont les tendances allaient à une sorte de *cabale juive* qu'on essaya vainement de faire passer dans quelques loges maçonniques, notamment à Bordeaux, à Marseille et à Toulouse (2). Nous avions à le signaler, puisque son nom s'est trouvé mêlé à ceux des Illuminés de cette période révolutionnaire.

De cette association de personnes, comme de l'ensemble des faits que nous avons groupés ici, il faut bien conclure qu' « il y a eu, dans les diverses époques de la Révolution, plus de système et de fanatisme qu'on ne l'a cru (3). » Tout à l'heure un historien nous faisait constater, non sans récriminer contre le catholicisme qu'il hait souverainement, que « pour aussi ridicule que fût la chose en elle-même », il y avait eu « essai d'association entre l'illuminisme chrétien, le mysticisme révolutionnaire et l'inauguration d'un gouvernement de prophètes (4). »

Ce fut Robespierre qui tenta ce coup d'État, appuyé sur la secte puissante et fanatique, dont il avait demandé la direction et soutenu les principes depuis la fin de la Constituante. Cette secte tirait son origine du XVIIIe siècle, dont elle représentait les opinions. Elle avait pour symbole en politique la souveraineté absolue du *Contrat social* de Rousseau, et en croyance le déisme de la *Profession de foi du vicaire Savoyard*. Maximilien était le disciple de ce triste maître, le fidèle de ce *Credo* politico-religieux ; et, passant de la théorie à la pratique il chercha à réaliser ces doctrines dans la *Constitution* de 93 et dans le culte de l'Être-Suprême.

Sur cette base, il espérait établir sa dictature, et ses partisans la lui préparaient. Après la fuite de Louis XVI (1791), quelqu'un parlant de Robespierre avait dit : « S'il faut un roi, pourquoi pas lui ! » L'année suivante, Marat louant fort celui qui devait lui ressembler jusque dans la folie de son orgueil et de sa férocité, disait que « le salut serait d'abord un chef unique, un grand tribun (5). » Grand tribun, Robespierre ne l'a pas été, malgré ses prétentions et sa vanité littéraires qui ne firent de lui

(1) Secte fondée par Martin Paqualis, juif portugais, en 1754, et que Saint-Martin aida à propager par son ouvrage intitulé *Tableau naturel des rapports entre Dieu, l'homme et l'univers*, et dont l'exergue suffit à faire saisir la pensée : « Expliquer les choses par l'homme et non l'homme par les choses ».
(2) Dans le catalogue de janvier 1900, la librairie Doucet (Paris, rue du Dragon) annonçait ainsi l'œuvre principale de cet auteur : « Saint-Martin, *Le philosophe, Tableaux naturels*, 2 vol. in-8°. — Ouvrage très rare. Edimbourg 1782. Ouvrage philosophique introuvable aujourd'hui. »
(3) Mignet, *Hist. de la Révolution*, t. I, p. 317.
(4) Michelet, *Hist. de la Révolution*, t. V, p. 396.
(5) *Id., ibid.*, t. IV, p. 8.

qu'un « mauvais rhéteur, compassé, emphatique et plat (1) ». Quant au rôle de « chef unique », il le brigua pendant « les cinq années longues comme des siècles », et il le tint effectivement aux yeux du peuple et dans la pensée des nations étrangères. A telle enseigne que les journaux parlaient de Robespierre, comme s'il eût été déjà roi : « *Robespierre a fait ordonner... Quatre cents soldats de Robespierre ont été tués... Les troupes de Robespierre se sont emparé de telle place*, etc... Aux yeux de l'Europe, l'armée et la France lui appartenaient. Toute puissance était dans sa main. Toute place occupée par les siens (2). »

Mais son sceptre sera une hache, son trône la guillotine. « Sans la hache, que devient cette figure ! Qui peut se la représenter ? Laissez lui au moins sa grandeur sauvage ; elle doit faire peur encore à la postérité (3)... » Il essaya bien parfois de vouloir maîtriser par d'autres moyens ; mais esclave de la Terreur, après en avoir été le maître, il dut en subir le joug et en manier les armes. « Le pouvoir politique n'était alors que celui du glaive. De quelque part qu'il se tournât la férocité du destin lui mit en main le couteau. Dictateur ? Oui, si tu veux, mais dictateur de l'échafaud. Pontife ? Oui, si tu veux, mais pontife de la guillotine (4). » Tel le dépeignent des historiens qui se font gloire d'être les « fils de la Révolution »...

La fête de l'Être-Suprême avait aidé puissamment à populariser le chef Jacobin, à le sacrer roi, juge et prêtre. Il avait la dictature de la politique par les Jacobins dont il était maître ; la dictature judiciaire par le Tribunal révolutionnaire où il tint le double rôle d'accusateur et de juge ; la dictature religieuse, en simulant la protection du clergé et voulant se l'attacher par la guerre à l'athéisme, la proclamation de l'immortalité de l'âme et l'établissement d'un culte qui rappelait un christianisme quelconque.

Pour tout cela, et surtout à dater de la fête religieuse, les Comités travaillaient sourdement à sa chute en l'accusant de despotisme, de tyrannie ; pour eux l'établissement de son culte était le présage de son usurpation. Cette usurpation ils la voyaient s'insinuer par les menées religieuses dont ils épiaient les moindres mouvements, depuis le galetas de la rue Contrescarpe, où une vieille visionnaire prophétisait et annonçait la venue prochaine du Messie *restaurateur*, jusque dans les somptueux appartements d'une duchesse qui, en témoignant son mépris pour la

(1) H. Taine, *La Révolution*, t. III, p. 192.
(2) Michelet, *Hist. de la Révolution*, t. v, p. 362, 363.
(3) Ed. Quinet, *La Révolution*, t. II, p. 236.
(4) Michelet, *Hist. de la Révolution*, t. v, p. 370.

royauté, pouvait faire peser la balance vers une dictature. Or, le dictateur ne pouvait être que Maximilien Robespierre.

Comme une traînée de poudre ces soupçons circulèrent dans les divers centres politiques, en attendant de gagner la rue sur laquelle le prétendant comptait. Les soupçons sont bientôt changés en certitude... Alors surgissent les accusations ; et on les jette à la foule qui jusque là croyait la Révolution incarnée dans celui qu'elle avait acclamé son « libérateur... » Désormais Robespierre fut un *traître*, *le tyran*. On le lui cria dans le Comité de salut public, à la Société de sûreté générale, à la Convention où il ne parut que rarement, du jour où la conspiration des « Illuminés » avait été découverte. Il ne compta plus, dans la suite, que sur son club des Jacobins : c'est là qu'il lisait ses discours avant de les débiter à l'Assemblée ; là, il exposait les plans de sa défense et du « gouvernement fort et libre » qu'il promettait d'établir sur les cadavres de ses adversaires ; là, il demandait des escortes armées de bâtons pour l'accompagner jusqu'à la salle de la Convention. Mais il ne se doutait pas que ces « gardes du corps » étaient la preuve manifeste de sa faiblesse, de sa pusillanimité, et que de tels soldats, de telles armes n'étaient pas capables de faire un triomphateur.

Dans cet isolement, auquel il s'était condamné en présence d'accusations qui le rendaient pour le moins ridicule, si même il n'était pas réellement convaincu de complot avec l'Illuminisme semi-politique, dans cet isolement Robespierre ne pouvait pas ne pas être vaincu. Dominé par l'orgueil, lui, l'homme religieux, avait oublié que l'orgueil fut le péché suprême des antiques religions, le péché de l'homme qui se croit infaillible, qui se dit dieu. Or, un jour, fort de sa popularité, s'appuyant sur une manifestation religieuse, il était monté plus haut que le trône : il avait gravi en pontife les degrés de l'autel en plein Paris, et aux yeux de ses ennemis (qui le dirent tout bas) il *s'était fait Dieu !*...

Ces crimes ne se pardonnent pas. « Il faut alors qu'on tombe par ce qui a servi à vous élever : il faut, homme de faction et de sang, qu'on périsse par l'échafaud, comme les conquérants par la guerre (1). »

(1) Mignet, *Hist. de la Révolution*, t. II, p. 100.

Arras. — Imprimerie SUEUR-CHARRUEY, rue des Balances, 10.

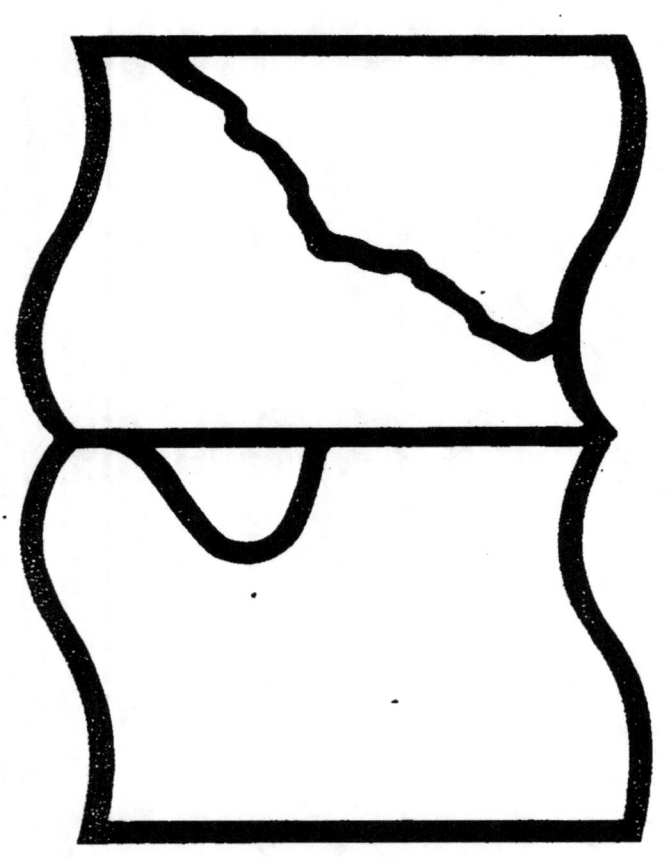

Texte détérioré — reliure défectueuse

NF Z 43-120-11

www.ingramcontent.com/pod-product-compliance
Lightning Source LLC
LaVergne TN
LVHW020958090426
835512LV00009B/1947